AF390004

RECUEIL

D'ARRÊTS

DU PARLEMENT

DE FLANDRES,

PAR M. DE FLINES.

RECUEIL

D'ARRÊTS

DU PARLEMENT

DE FLANDRES,

TOME II,

DEUXIÈME PARTIE,

CONTENANT

LES ARRÊTS RECUEILLIS PAR M. DE FLINES.

A LILLE, chez J. B. HENRY.

Avec Approbation & Privilège du Roi.

RECUEIL
D'ARRÊTS
DU PARLEMENT
DE FLANDRES,
PAR M. DE FLINES,

ARRÊT I.

Rétablissement de Presbytère.

E Curé de Walcourt étant convenu pour la portion congrue avec le Chapitre du lieu, sans préjudice au droit d'avoir une maison pour sa demeure, attaque à cet effet le même Chapitre & la Communauté dudit lieu. La Communauté se défend, & dit que l'habitation du Curé fait partie de ses alimens; que les alimens sont une charge de la dîme; que le Chapitre dudit lieu percevant la dîme, qui est fort considérable, doit donner les alimens au Curé, & par conséquent l'habitation ; qu'au reste ils n'ont jamais contribué, & qu'au surplus ils satisfont à leur obli-

L l ij

gation, en payant les dîmes qui sont plus que suffisantes pour la compétence & l'habitation du Curé. Le Chapitre se défendoit sur ce qu'il n'avoit jamais contribué à la réparation de la maison Pastorale ; que les Curés antérieurs s'étoient toujours logés eux-mêmes, ou avoient fourni à la réparation : qu'il n'étoit pas d'usage dans le Diocèse de Namur que les Décimateurs contribuassent à l'habitation des Curés, produisant à cet effet un certificat de l'Evêque. Par Arrêt rendu à mon rapport, après qu'on eut consulté la première Chambre, la Communauté fut déchargée, par la raison que payant la dîme, qui étoit plus que suffisante, ils satisfaisoient à l'obligation dont ils étoient tenus de Droit, de fournir les alimens & l'habitation de leur Curé ; & le Chapitre fut condamné, à cause que c'est une charge des dîmes, lesquelles se paient pour l'entretien de ceux qui administrent le spirituel : on n'a pas admis à vérifier l'usage du Diocèse de Namur, ni que les Curés antérieurs s'étoient toujours logés eux-mêmes, parce qu'il paroissoit, des productions du Chapitre, que le Curé n'avoit que sa portion congrue, sans parler de son habitation, sur laquelle il s'étoit réservé le droit d'agir ; enforte que s'il étoit obligé de payer lui-même son habitation, la portion auroit été diminuée, & par conséquent n'auroit plus été compétente pour ses alimens. On n'a pas considéré l'usage du Diocèse, puisqu'il n'y a pas d'usage qui puisse autoriser que les Curés soient sans maisons ; néanmoins comme on étoit en temps de guerre, & dans un lieu exposé, on n'a pas obligé le Chapitre à en bâtir une, mais seulement à lui payer quarante florins par an, pardessus la compétence dont ils étoient convenus. Cet Arrêt a été rendu *omnium votis*, des deux Chambres assemblées, le . . . . . . Novembre 1690.

Les Curés des Villes sont obligés de se loger à leurs frais, lorsque les casuels de leurs Cures sont suffisans pour fournir à leurs alimens & à leurs logemens. Voyez M. Desjaunaux, tom. 2, Arrêt 180.

ARRÊT II.

Si la clause de tenir une rente bonne, tant en cours qu'en capital & hypothéque, envers & contre tous, a lieu contre le fait du Prince?

EN 1649, les Dames de l'Abbiette à Lille, cèdent & transportent au profit du S.ʳ Leguien, une rente de cent florins par an, qu'elles avoient à la charge de la ville & communauté d'Armentières. Par Edit de l'an 1670, Sa Majesté a défendu l'exaction des rentes sur les Communautés, tant contre les principaux obligés que contre les fidéjusseurs, ou coobligés, jusqu'à ce qu'elles eussent liquidé. L'an 1688, par Arrêt du Roi, les dettes de la communauté d'Armentières ont été liquidées, & les capitaux deniers de ladite rente ont été adjugés audit Leguien, avec les intérêts & cours au denier vingt, qui échéroient jusqu'à ce que ladite somme eut été remboursée, & la Communauté dudit lieu déchargée des arrérages antérieurs à ladite liquidation de 1688. Les héritiers de Leguien ayant vu ledit Arrêt, font saisir par commission levée au Greffe des Mayeur & Echevins de Lille les biens de l'Abbiette, pour être payés des arrérages de ladite rente, depuis l'an 1656 jusqu'à l'an 1688, se fondant sur la clause apposée à la cession « de tenir lesdites lettres bonnes & » valables, tant en cours qu'en principal, envers & contre » tous jusqu'au rachat ». Les Religieuses se défendent, & disent que ladite clause ne peut s'étendre du fait du Prince ; que ladite clause ne peut opérer qu'une garantie de fait contre ceux qui auroient voulu prétendre quelque chose à ladite rente, & qu'elle n'induit qu'une espèce d'obligation d'indemnité, & de garantir que le débiteur sera suffisant ainsi que l'hypothéque des rentes: que dans le cas présent la communauté d'Armentières n'étoit pas insolvente, ni les hypothéques insuffisantes; que si elle ne payoit pas, c'est que Sa

Majesté, pour des raisons d'Etat, l'avoit bien voulu décharger, ce qui faisoit un cas fortuit, que les Défenderesses
n'avoient pu garantir.

PAR Arrêt du . . . . Novembre 1690, au rapport de
Mr de Roubaix, il fut jugé pour les Défenderesses, par la
raison que ledit Leguien étoit propriétaire de la rente, &
par conséquent *res perit domino*, que la clause en question
soumettoit bien les Défenderesses à tous les cas fortuits qui
pouvoient arriver aux personnes des débiteurs & aux hypothéques, mais que pour ceux qui arriveroient aux corps de
la rente, & à la rente même, ils devoient regarder le propriétaire ; que la décharge des arrérages que Sa Majesté
avoit faite à la communauté d'Armentières, étoit un cas
fortuit arrivé à la rente même, & qui servoit d'acquit :
cet Arrêt a été rendu suivant l'opinion de M.^{rs} le Président Hattu, Mondet, de Roubaix, Desnaux, de Flines,
de Buissy, *contradicente* Couvreur.

CET Arrêt est conforme au sentiment de Loyseau, en
son Traité *de la garantie des rentes*, chap. 11. *Vide* Bacquet, en son Traité *des transports des rentes*, chap. 9 & 18,

ARRÊT III.

S'il échet modération des Fermes pour cas imprévus, non-
obstant la renonciation audit cas imprévu ?

LE Magistrat de Saint Amand afferme au plus offrant,
en 1686, l'impôt de deux liards à la rasiere de grain
qui passe par le Fort de Marillon, » à condition que le pre-
» neur se chargera de tout risque & hasard, & qu'il ne
» pourra prétendre modération, en cas que la traite des
» grains viendroit à être troublée par la guerre, ou au-
» tres cas imprévus, si ce n'est que ledit impôt viendroit
» à être entierement supprimé & éteint. »

UN nommé Leguien de Douay s'en rend adjudicataire :
il jouit de la Ferme la premiere année sans rien dire ; la seconde année la guerre étant survenue, les grains n'ont pas
passé si abondamment, en telle sorte qu'il prétendoit avoir
souffert une grosse perte, pourquoi il présenta Requête à
la Cour, pour faire condamner le Magistrat de St. Amand
à lui faire modération, disant qu'il avoit pris en Ferme lesdits impôts pour la somme de quatre mille deux cens florins par an ; que néanmoins à cause des inondations faites
en la ville de Douay, la guerre survenue, & les défenses de Sa Majesté de laisser sortir aucuns grains, il n'avoit
pas reçu plus de huit cens florins ; que c'étoit une diminution trop grande pour être soufferte ; que quoi qu'il
eut renoncé à tous cas fortuits, il falloit considérer
que ces clauses, se mettoient plutôt par forme de style
que pour avoir effet. Le Magistrat de Saint Amand
disoit au contraire que les conditions faisoient les mar-
chés ; qu'il avoit renoncé à tous cas imprévus, & nom-
mément au cas que la traite des grains fut arrêtée par
la guerre ; que ce cas étoit arrivé ; que la diminution de la
Ferme ne provenoit que de là, & ainsi qu'il la devoit sup-

portet, puisqu'il en étoit convenu : qu'on ne pouvoit pas dire que ces clauses se mettoient par forme de style , mais bien avec dessein & délibération , afin que la Ville ait des revenus fixes & certains ; qu'en considération de ces clauses , les Fermes se prennent à meilleur marché ; qu'au reste on ne convenoit pas de la perte. Par Arrêt rendu le . . . Décembre 1690, au rapport de M.ʳ de Roubaix, le Demandeur fut admis à vérifier , ayant été préjugé que supposant une perte notable , il falloit faire modération , nonobstant la renonciation au cas imprévu , & ce du sentiment du Rapporteur , de Mondet, Couvreur & Buissi , *contradicentibus* le Président Hattu , Desnaux & de Flines , qui soutenoient au contraire que la clause devoit avoir effet ; qu'il paroissoit assez que la traite des grains , qui avoit été arrêtée par la guerre , avoit donné lieu à la diminution du produit de l'impôt ; que ce cas avoit été stipulé , & que par conséquent il falloit se tenir à la stipulation ; qu'on ne devoit pas considérer de lésion , d'autant que semblable Ferme n'ayant pas de revenu fixe & certain , mais dépendant du hasard , c'est *jactum retis* qu'on achette , sur lequel il ne tombe pas de lésion.

Sur cette matière , voyez M.ʳ Desjaunaux, tom. I, Arrêts CXXV. & CXXVI.

ARRÊT IV.

ARRÊT IV.

Si la remise de l'obligation prouve le paiement ?

ANTOINE POUPET, par son testament, établit Pierre &
Jean-Baptiste Poupet, & le Procureur Laurent, pour
ses exécuteurs testamentaires, & tuteurs de ses enfans mineurs : les exécuteurs dans l'an de leur exécution, font
vendre tous les biens comme impartageables, & Jean-Baptiste Poupet, se rend entr'autres adjudicataire d'une étable,
& un certain Hersecap, d'une maison située dans la rue
de la Ligne à Tournai. Hersecap nantit le prix de son
achat & purge ladite maison ; & trois mille livres sont adjugées par Sentence d'ordre aux trois tuteurs. Jean-Baptiste
Poupet, qui avoit acheté l'étable, veut aussi purger, mais
comme il falloit nantir la totalité du prix, qui portoit deux
mille deux cens quatre-vingt-trois livres, il déclara de tenir la moitié en rente, mais l'autre moitié est nantie par le
Procureur Laurent, lequel recevant les trois mille livres de
la purge d'Hersecap, n'en toucha que mille neuf cens livres,
ayant laissé le reste pour la moitié de l'étable, & le dépositaire lui donne quittance d'avoir reçu des mains du Procureur Laurent, au nom de Jean-Baptiste Poupet, la somme
de mille quatre-vingt-treize livres ; comme cette somme ne
faisoit pas entièrement la moitié du prix de l'étable, six
semaines après ledit Poupet nantit, pour parfait fournissement, la somme de cinquante-trois livres, & le dépositaire couche le reçu au bas du billet ou acquit, qu'il avoit
donné au Procureur Laurent. Les trois tuteurs ayant rendu
compte en général de l'exécution testamentaire, en l'an 1686,
trois ans après, Pierre Poupet présente Requête aux Mayeur
& Echevins de Tournai, & remontre que les trois tuteurs ont
reçu diverses sommes ; que même il est chargé par ses quittances de deux sommes provenantes desdites purges, quoi-

qu'il ne les ait pas reçues, mais ses cotuteurs , demande qu'il leur soit ordonné de donner chacun un état de tout ce qu'ils ont reçu , afin de voir ce que chacun doit à la maison mortuaire ; les parties y satisfont, & Laurent par son état se charge de trois mille livres à eux adjugées en la purge d'Hersecap, sans faire mention de mille quatre-vingt-treize livres qu'il avoit nanties pour Poupet. Jean-Baptiste Poupet donne aussi son état , & y porte aussi mille quatre-vingt-treize livres comme par lui nanties : Laurent voyant cela , dit que cette somme ne lui doit pas être allouée, mais au contraire il soutient que c'est lui qui a fait le nantissement , & demande l'exhibition du reçu du dépositaire, où il est déclaré qu'il a retenu ladite somme de mille quatre-vingt-treize livres hors des trois mille livres pour servir à la purge de l'étable. Jean-Baptiste Poupet se défend , & dit qu'il est en possession du billet du dépositaire, qui lui a été mis en main par ledit Laurent ; ce qui induit une preuve qu'il a restitué ladite somme , suivant la Loi 2 , ff. *de pactis ;* qu'effectivement il l'a payée , & pose que le même jour Laurent a reçu les trois mille livres de la purge d'Hersecap , que pendant qu'il faisoit les décomptes avec le dépositaire dans son cabinet, il étoit dans une Salle comptant son argent ; que le dépositaire pour éviter la peine de compter deux fois , avoit retenu audit Laurent ladite somme ; que Laurent l'avoit reçue au lieu du dépositaire, & qu'en même-temps il lui avoit délivré le billet du dépositaire ; que dans son état de liquidation il n'a fait mention dudit nantissement & s'est chargé de trois mille livres ; que dans le compte qu'il a formé de l'exécution testamentaire, il porte le prix de l'étable comme étant nanti par Jean-Baptiste Poupet : Laurent au contraire dit, qu'il est assez justifié, que lui-même a fait le nantissement ; dénie que ledit Poupet lui eut restitué la somme ; dénie qu'il eut été chez le dépositaire le même jour qu'il a nanti ladite somme ; dit que s'il est garni du billet & quittance du dépositaire, c'est qu'il l'a confiée audit Poupet pour s'en servir à refournir le surplus du prix de l'étable, & pour mettre sa purge en présentation ; que la Loi

2, ff. *de pactis*, ne peut ici avoir lieu, attendu que la Loi induit bien de la remise du titre *exceptio pacti taciti*, & d'une libération gratuite, mais ne fait pas préfumer le paiement : ce n'est pas en vertu d'une remise que Poupet prétend être libéré, mais en vertu de la folution, fur quoi ladite Loi ne dit mot, & avec fujet, puifque les Docteurs diftinguent entre *redditio inftrumenti fimpliciter*, *& redditio inftrumenti cancellati & deleti* ; que le dernier induit la préfomption de paiement, mais que le premier n'induit qu'une remife gratuite, *in vim taciti pacti* ; laquelle Loi même ne peut avoir lieu que dans le cas qu'on puiffe préfumer la donation, car comme *donare eft perdere*, fi celui qui a reftitué le titre ou inftrument, n'eft pas en état de faire des gratifications, & qu'il n'en a pas même fujet, il faut préfumer que l'inftrument a été plutôt remis pour une autre caufe que pour exercer une libéralité ; qu'au cas préfent l'inftrument fe trouve entier, non rayé, ni biffé, ni déchiré ; que Laurent n'eft pas en état, & n'avoit aucun fujet d'exercer une libéralité fi confidérable au préjudice de fa groffe famille, envers des étrangers ; qu'ainfi il faut préfumer qu'il lui a plutôt remis le titre par confiance que pour gratifier ledit Poupet ; que le défaut de notice ne lui peut nuire, puifqu'il y a bien d'autres fommes dont il n'a tenu aucune note ; que fon filence de trois ans n'eft pas étonnant, attendu que les cotuteurs ayant reçu féparément diverfes fommes, ils avoient des décomptes à faire, & qu'il a attendu jufqu'alors ; que s'il n'a pas porté cette fomme dans fon état, on remarque affez que ça été par oubli, attendu qu'auffi-tôt qu'il a vu que Poupet en vouloit profiter, il a réclamé fans avoir le billet du dépofitaire.

PAR Arrêt confirmatif de la Sentence des Echevins de Tournai, le ferment a été déféré à Poupet, par la raifon qu'on a jugé fur la remife de la quittance, faite par ledit Laurent, fuivant fon aveu, fans qu'il ait apparu aucune caufe de confiance, celle alléguée par ledit Laurent étant fauffe en partie, ou en partie non néceffaire : il paroiffoit dans le procès que Laurent avoit encore demandé diverfes fommes comme non reçues par lui , & néanmoins avoit été convaincu du contraire par la pro-duction de fes quittances par lui avouées ; que d'ailleurs quand il avoit répété ladite fomme , il en avoit demandé une plus groffe ; qu'il étoit un homme de pratique & Procureur avare, que Poupet étoit jeune & fans expérience , & qu'il prouvoit de plus par un témoin qu'il lui avoit de-mandé de l'argent pour faire ou reftituer ledit nantiffement, & qu'effectivement ledit témoin lui avoit compté quatre-vingt livres de gros , la veille que Laurent avoit fait le nantiffement : la Cour l'ayant oui en vertu des points d'Office, pour favoir en quelles efpèces il avoit compté les quatre-vingt livres de gros , ayant entendu ledit Poupet fépa-rément, & en même-temps pour le faire déclarer en quelles efpèces il avoit fait la reftitution , elle les avoit trouvées conformes ; tout cela réuni formant une préfomption très-forte de la reftitution de ladite fomme , laquelle faifoit plus d'une demie preuve.

Cet Arrêt a été rendu le 22 Décembre 1690, au rap-port de Mr. de Roubaix , & de fon fentiment, & du Pré-fident Hattu ; Confeillers Mondet, de Flines , Couvreur, Buiffy , *contradicente* Defnaux.

ARRÊT V.

*Si dans la joüissance d'une fondation pieuse, à laquelle les plus
proches parens sont appellés, les descendans de bâtards peuvent être préférés aux légitimes d'un degré plus éloigné ?*

JEANNE DUMONT, par son testament de 1657, veut ,
» Que tous les biens qui resteront , après quelques legs
» pieux payés, soient employés & convertis en pains de
» vingt-quatre patars par semaines, auxquels elle appelle
» ses parens plus proches » Et après dit » Voulant que les
» parens de son lez & côté soient privilégiés contre les pa-
» rens du lez & côté de son mari; & en cas qu'il ne se
» présenteroit pas de parens de son lez & côté & de ce-
» lui de son mari, appelle les étrangers dénommés par
» l'Exécuteur de son testament, le Sr. Roussel, Curé de
» St. Etienne à Lille, & les Doyens des Marguilliers de
» ladite Paroisse, & leurs Successeurs, auxquels elle donne,
» pouvoir d'interpréter son testament. »

LA Testatrice n'a pas laissé de postérité, & l'an 1659,
sur l'avis de Mr. de Blye , Président au Parlement, un
descendant par bâtarde d'une tante de la Testatrice, obtient
un desdits pains: l'an 1660, 1664, 1678, & postérieure-
ment des descendans de ladite bâtarde, obtiennent sur l'avis
d'Avocats, que les bâtards & descendans de bâtards étoient
capables desdits pains, & de la Collation de semblables
Prébendes. L'an 1684, Charles Delannoy & Jean Barrat, présentent Requête aux Mayeur & Echevins de Lille, disans qu'ils
sont parens à la Fondatrice, que néanmoins ils ne peuvent
obtenir aucunes Prébendes; sur quoi ayant demandé l'avis
des Collateurs, il fut répondu qu'on auroit égard à ladite
Requête quand il y en auroit de vacantes, & qu'on avise-
roit s'ils étoient les plus proches parens & les plus pau-

vres. L'an 1687, les Supplians voyant qu'ils n'obtenoient
rien, font faire défenses aux Collateurs de conférer aucunes Prébendes à leur préjudice ; nonobstant ce , lesdits Collateurs en ayant conféré une à une nommée Françoise Warenghien, qui étoit étrangère, & s'en trouvant une vacante
par la mort d'un nommé Lemerchier, présentent derechef Requête aux Mayeur & Echevins de Lille, disant, que nonobstant
leur défense , les Collateurs ont conféré une Prébende à Françoise Warenghien étrangère , & qu'il y en a une vacante
par la mort de Lemerchier ; ils demandent que celle conférée à
Françoise Warenghien lui soit ôtée , & que l'autre vacante
leur soit conférée ; sur quoi ils répondent qu'ils ont ôté la
Prébende à Françoise Warenghien, & l'ont conférée à un
nommé Rousé , qui étoit d'un degré plus proche, mais
descendoit de la bâtarde de la tante de la Testatrice ; pendant le procès on confère celle vacante , par la mort
dudit Lemerchier , à un nommé Sartus , aussi descendant de ladite bâtarde : les Supplians répondirent que ces
Collations étoient nulles, comme faites à leur préjudice ;
que les bâtards & descendans de bâtards, ne pouvoient
exclure les légitimes : sur quoi il y a eu différentes opinions ; les Srs. Mondet, de Roubaix & Desnaux, furent
d'avis que les bâtards étoient aussi habiles que les légitimes,
& que par conséquent ceux qui avoient été pourvus d'une
Prébende, étant d'un degré plus proche à la Testatrice,
devoient exclure les Supplians : leurs raisons étoient que la
Fondation en question étoit une Fondation pieuse & ali-
mentaire ; que les bâtards sont susceptibles d'alimens ; qu'ils
en ont plus besoin ; qu'ils sont ordinairement plus misérables ;
que de semblables dispositions ne contiennent rien que de
charitable ; qu'il est à présumer que la Testatrice, a voulu
comprendre ceux qui étoient plus proches parens, dignes
de charités ; qu'il n'en falloit plus douter, puisque la
Testatrice ayant donné pouvoir au Sr. Roussel d'interpréter sa volonté, & celui-ci ayant conféré à des bâtards,
c'étoit une interprétation de la volonté de la Testatrice. Mr.
le Président Hattu, Couvreur, Buissy, & moi Rapporteur,

furent d'opinion que les bâtards, quoiqu'en degré plus proches, n'excluoient pas les légitimes : leurs raisons étoient, que par la Coutume de Lille, les bâtards ne sont aucunement considérés, & qu'elle les répute tout-à-fait étrangers ; qu'elle ne les exclud pas seulement de la succession du père, en conformité du Droit, mais aussi de la succession maternelle ; qu'ensuite de ce principe de Droit, quand le père appelloit ses enfans, ses neveux & ses parens plus proches, il n'étoit pas censé appeller les bâtards, qu'ainsi on ne pouvoit présumer qu'elle auroit appellé ses parens bâtards sous le nom de parens plus proches : que suivant l'opinion des Auteurs *in fideicommissis vocatis proximioribus, non consentur vocati illegitimi*, qu'il n'y a pas d'apparence que sous le nom de parens on comprenne après la mort, ceux que pendant notre vie nous ne voulons pas reconnoître pour parens ; qu'il falloit bien plutôt présumer qu'ayant appellé à ces Prébendes ses parens, sous la donation de plus proches, elle s'étoit conformée aux régles de la succession *ab intestat* : que les raisons de la partie contraire ne pouvoient rien contre les maximes du Droit ; que quoiqu'on soit ici en matière de fondation pieuse, néanmoins comme la Testatrice ne devoit aucun aliment à la bâtarde de sa tante, ni naturellement, ni civilement, ils ne pouvoient avoir droit à ces pains ; qu'étant appellés par la Testatrice, sous le nom de *parens plus proches*, puisque sous ce nom, on n'a jamais compris les bâtards, qui suivant nos mœurs & le Christianisme sont abhorrés, & principalement quand ils viennent des filles infâmes, auquel cas ils sont regardés comme l'opprobre de la famille, qu'on tâche même de les dérober aux yeux du public, soit en les cachant sous des noms supposés, soit en les envoyant dans les pays étrangers : que la déclaration dudit Roussel ne pouvoit avoir ici lieu, & ne pouvoit induire un droit aux bâtards, & exclure les légitimes, puisqu'il n'avoit pas interprété la volonté de la Testatrice, par une déclaration, étant dépositaire de son intention & de sa volonté ; mais qu'il s'étoit borné à conférer une Prébende à une bâtarde suivant l'avis d'un Avocat, qui avoit cru qu'en femblables matières les bâtards étoient auffi propres à jouir que les légitimes, en quoi il avoit erré ; on a été d'autant plus incliné à fuivre cette opinion, que la Fondatrice n'avoit fait aucune mention dans fon teftament des defcendans de ladite bâtarde, quoiqu'au temps dudit teftament il y en eut plufieurs en vie, & la Teftatrice avoit elle-même conféré ces Prébendes à plufieurs, qui n'étoient pas fes parens, à condition qu'après leur mort, elles retourneroient à fes plus proches parens ; & ainfi fut jugé entre ledit Charles Delannoy & Jean Barrat, contre N. N. Roufé & Sartus.

ARRÊT VI.

Si divers coobligés à une rente, peuvent avoir leur recours & agir en garantie, contre d'autres obligés à la même rente, quoiqu'ils ne fe foient obligés que trente ans après ?

L'AN 1635, quelques gens de Loi & quelques habitans du village de Rache, tant en leur nom privé, qu'en qualité de gens de Loi & habitans dudit Village, lèvent mille florins en rente de Marguerite Lermelin, veuve de Pierre le Vaillant, & obligent leurs biens & ceux de la communauté ; l'an 1668, le nommé Mallet qui avoit droit à ladite rente, actionne en reconnoiffance, pardevant la Gouvernance de Douay, divers particuliers du village de Rache, non héritiers des conftituans ; après quelques conteftations divers particuliers reconnoiffent exécutoire ladite rente, tant en leur privé nom, que comme Echevins & manans dudit Rache.

L'ORDONNANCE du Roi étant furvenue, qui a interdit l'exécution contre les communautés, la rente n'a pas laiffé d'être payée jufqu'en 1689, auquel temps par Arrêt du Confeil d'état du Roi, ladite communauté a été déchargée

de

de ladite rente, sauf le recours contre les particuliers obligés : Mallet voyant qu'il ne pouvoit plus être payé de la
communauté, agit contre les héritiers des particuliers
constituans; ceux-ci avant répondre au principal, actionnent
en garantie ceux qui ont reconnu la rente en 1668, &
leurs héritiers au nombre de vingt-deux qui se sont défendus
assés mal; néanmoins il y eut une grande difficulté pour savoir,
s'ils étoient bien actionnés en garantie, sur des moyens de Droit
qui n'avoient pas été allégués : par Sentence de la Gouvernance de Douay, les assignés en garantie furent condamnés. Mrs. Desnaux, Deroubaix & Mondet, étoient d'avis
sur ce point de Droit, de confirmer la Sentence, par
la raison que tous étoient *correi debendi*; qu'étant tous so-
lidairement obligés, il étoit juste qu'ils contribuassent tous
au paiement, ou que tous ensemble disputassent la redevance;
qu'ils étoient tous *correi*, puisqu'ils devoient tous une même
chose; qu'on ne pouvoit dire comme le Procureur-général
dans ses conclusions, que les assignés en garantie n'étoient que
pleiges, & qu'ainsi ils devoient être déchargés par les
constituans en particulier; que bien loin qu'ils eussent eu
contre eux une action de garantie, ils avoient au contraire
une action contre le constituant pour se faire indem-
niser s'ils avoient payé quelque chose, d'autant plus qu'il paroissoit certain que c'étoit une dette de la Communauté;
que dans la supposition que les deniers eussent été employés
à son utilité, les autres constituans ne pouvoient être censés
& réputés que pleiges, non plus que les assignés en garantie, & qu'ainsi ils étoient cofidéjusseurs, quoiqu'obligés *in
solidum & principaliter*, sans division ni discussion; d'où ils
concluoient que la perte devoit être égale, & que tous
les coobligés devoient être traités d'une même façon, &
chacun contribuer pour leur part, soit en payant, soit en se
défendant contre ledit Mallet : je soutins au contraire que
la Sentence devoit être réformée, & les assignés déchargés
de la garantie; je disois que la rente ayant été déclarée nulle
faute d'octroi, à la charge de la communauté, il ne fal-

loit plus la regarder que comme une dette particulière, &
ainsi confidérer ceux qui étoient obligés; que des obligés
il en falloit faire deux claſſes, dans la première mettre tous
les conſtituans, leſquels s'étant obligés l'un avec l'autre, &
chacun pour le tout, étoient de vrais *correi debendi*,
& devoient ſe garantir mutuellement: que dans la ſeconde
il falloit mettre tous ceux qui avoient reconnu la rente
en 1668, leſquels entr'eux étoient auſſi *correi*, puiſqu'ils
l'avoient reconnue exécutoire *in ſolidum* & l'un pour
l'autre, ſans diviſion ni diſcuſſion; qu'ainſi ils ſe devoient
une garantie mutuelle; mais qu'entre ces deux claſſes il falloit faire une différence; qu'il étoit bien vrai qu'ils devoient
tous la même choſe, mais qu'on ne prouvoit cependant
pas qu'ils fuſſent *correi*; que la première claſſe n'avoit pas
contracté avec la ſeconde, qui n'étoit pas *in rerum naturâ*,
& qu'elles ne s'étoient pas obligés *mutuâ comtemplatione*; que
chaque claſſe ſoutenoit ſon obligation indépendamment l'une
de l'autre; qu'ainſi ce que l'une des claſſes faiſoit ne nuiſoit
pas à l'autre, enſorte que ſi elle étoit actionnée & contrainte
de payer, elle ne faiſoit que ſatisfaire à ſon obligation : que
ſi les aſſignés s'étoient bien voulus obliger à payer la rente
envers Mallet, cela ne devoit pas regarder les conſtituans
avec qui, ni pour qui, ils ne s'étoient pas obligés; que l'action de garantie devoit être fondée ſur quelque choſe; qu'il
n'y avoit ni contrat, ni quaſi contrat entre les deux claſſes; que ſuivant l'opinion de Dumoulin *in tractat. & individ.
part. 3, num. 151*, nul n'étoit eſtimé *correus*, à moins qu'il n'ait
été exprimé; que bien loin que cela ait été exprimé, on voyoit
au contraire qu'au temps de la conſtitution pluſieurs de ceux qui
avoient reconnu ladite rente en 1668, n'étoient pas *in rerum
naturâ*, que cela étoit aſſez décidé par la Loi *cum*, §. 2, ff. *de
duobus reis;* & que la corréalité étant un accident, & un
accident qui aggrave la dette, elle n'étoit pas préſumée ſuivant le même Auteur: ces raiſons firent balancer; Mr.
Couvreur & Mr. le Préſident Errembault inclinoient à dire
qu'il n'y avoit pas d'action, mais comme les aſſignés en
garantie avoient ſoutenu que les conſtituans avoient profité

de l'argent, sans rien décider, on trouva à propos d'admettre à preuve de ce fait, à cause que s'il étoit prouvé, la cause n'auroit plus aucune difficulté, *an recte ? videndum est molinæum ad L. modestinus, num. 35.*

ARRÊT VII.

Une fille qui dans les douleurs de l'enfantement affirme qu'elle est grosse des œuvres d'un tel, doit-elle être crue sur sa déclaration ?

N. SURAY, ayant entendu que N. Pruson, disoit qu'elle étoit enceinte de ses œuvres, présenta Requête au Juge d'Agimont pour la faire dédire, ladite N. Pruson dit qu'il étoit vrai que le 30 Juillet 1688, revenant de faner du foin, N. Suray l'avoit mené avec son charriot chargé de foin par le bois de . . . . . & qu'il l'avoit défloré ; & comme elle n'avoit jamais eu affaire à d'autre qu'à lui, elle concluoit à ce qu'il fut condamné à la doter, ou à l'épouser : pendant le procès elle vint à accoucher environ huit mois après qu'elle eut été déflorée, & dans les douleurs de l'enfantement, elle affirme qu'elle étoit enceinte des œuvres dudit Suray, & qu'elle n'en avoit jamais connu d'autre, & ce nonobstant que son père lui eut remontré qu'elle devoit plutôt mourir que de faire un faux serment : ledit Suray ayant dénié le tout, les parties firent leurs preuves ; ladite Pruson produisoit quelques témoins qui déposoient qu'environ le 30 Juillet, ils avoient vu ledit Suray conduisant son charriot, & sur lequel étoit ladite Pruson, qu'il avoit couché au logis de son maître deux ou trois fois, sans pourtant avoir remarqué de familiarité ; quelques témoins affirmèrent aussi qu'elle étoit de bonne réputation, & que le bruit couroit qu'elle étoit grosse des œuvres dudit Suray : Suray au contraire soutenoit qu'on ne devoit pas la croire sur son serment, qui étoit fait après le procès ; qu'il auroit fallu

que l'enfant fut venu au terme de huit mois si ce qu'elle avan-
çoit étoit véritable ; il produisit deux témoins qui déposèrent
qu'on ne pouvoit passer par le bois de . . . . . . avec du foin,
sur quoi pour reproche ladite Pruson ne sut que dire : le
7 Mars 1691, au rapport de M. Couvreur, il fut jugé
suivant le sentiment de Faber, *ad cod. tit. de probat. definit.*
18, *quod virgini asserenti cum juramento in doloribus partûs
se ab aliquo prægnantem credatur,* qu'il importoit peu que
le serment fut prêté avant ou après le procès, puisque ledit Suray avoit intenté le procès auparavant, & par conséquent elle ne l'auroit pu faire avant le procès ; pour cette
opinion furent MM. Couvreur, le Président Errembault,
Mondet, Desnaux & Buissy ; pour moi je soutins au contraire qu'il étoit trop dangereux d'introduire de pareilles
maximes ; que par le Droit personne ne pouvoit être Juge
dans sa propre cause, si ce n'est du consentement de partie, que le fait étoit dénué de toutes circonstances, qu'il
n'y avoit aucunes familiarités scandaleuses, aucunes caresses,
aucuns baisers, aucuns attouchemens vérifiés, que ce serment n'avoit été prêté qu'après qu'on étoit en procès, que
soutenant dans l'instance qu'elle étoit enceinte des œuvres dudit
Suray, & ayant appuyé là-dessus sa prétention de la doter
ou de l'épouser, elle ne pouvoit plus se dédire sans mettre
sa réputation en compromis ; que la circonstance ou le lieu
où elle avoit dit avoir été déflorée ne sembloit pas véritable, puisque deux témoins avoient déposé qu'on ne pouvoit passer par le bois de . . . . . . avec du foin ; que ladite Pruson en étoit assez tombée d'accord, puisqu'elle n'a-
voit pu le dénier par ses reproches ; que l'opinion *quod virgini non credatur etiam affirmanti se ab aliquo impræg-
natam* est appuyée de l'autorité de Thesaurus, *in suis deci-
sionibus,* & par les auteurs par lui cités, & par Boer ; que les
auteurs qu'allègue Faber, ne disent pas ce qu'il pose, qu'enfin il valoit mieux que l'enfant demeurât à la mère, &
qu'elle fut déboutée de sa demande, puisqu'elle n'étoit pas
exempte de crime & avoit perdu sa réputation, que d'introduire une maxime qui mettroit en danger les plus honnê-

tes garçons d'une Ville, qui se trouveroient père d'un enfant qu'ils n'auroient pas fait, par le serment d'une miséra-
ble qui auroit soin de se faire donner de l'argent.

Sur cette matière, voyez M. Desjaunaux, tome I.er
Arrêt 112.

ARRÊT VIII.

*Si en matière de provisions l'exécution est valable quand la
caution n'a pas été insinuée avant l'exécution ?*

IL fut jugé au rapport de M.e Buissy, le 8 Mars 1691,
contre l'Huissier Jacquemar, que l'exécution étoit nulle
faute d'avoir délivré copie authentique de la caution le
jour de la sommation, suivant l'art. 25 *du style*, titre
des Huissiers, & qu'il ne suffisoit pas de l'avoir insinué au
Procureur quelques jours auparavant, par la raison qu'en
matière d'exécution, les Procureurs sont sans pouvoir, parce
que leurs mandats sont finis, après la cause vuidée, &
que s'il suffisoit de délivrer l'acte de cautionnement au jour
de l'exécution, l'exécuté n'auroit pas le temps pour
contredire la caution, auquel effet il semble qu'on est
obligé de délivrer copie authentique; après avoir consulté
la première Chambre, on fut d'avis unanime de déclarer
l'exécution nulle.

ARRÊT IX.

Si un Testament sans date est valable ?

IL fut jugé en la première Chambre, le 15 Mars 1691, qu'un testament sans date étoit nul, en la cause du Sr. Remi le Proux & consors, contre la Dame du Hameau, quoique l'un des Echevins de Valenciennes, qui avoit reçu le testament, eut apposé l'année sous son nom ; mais comme la date de l'année ne paroissoit pas être du corps du testament, & que d'ailleurs le mois & le jour n'étoient point apposés, le testament de la mère du Sr. du Hameau fut déclaré nul, suivant l'opinion de Ricard, en son Traité *des donations* ; M. Mullet Rapporteur, Juges, le Président de Blye, MM. Maureghem, Hendrick, Bruneau, Delvigne, Mullet, Jacquerye & la Verdure.

PAR Arrêt de révision du 13 Mai 1694, rapporté par M. Desjaunaux, tom. 1, Arr. 27, il a été déclaré qu'il y avoit erreur dans ledit Arrêt, & le testament a été déclaré bon & valable.

ARRÊT X.

Si le paiement ou la recette de quelques legs induit une appro-
bation d'un teſtament?

LA mére du Sr. du Hameau (*) fait ſon teſtament en
l'an 1644, par lequel elle avoit inſtitué ſon fils uni-
que héritier univerſel; elle fait quelques legs pieux &
charge ſon fils de ſubſtitution au profit de ſes oncles : après
ſa mort les biens étant échus à ſon fils, qui en a joui ſans
dire à quel titre, ſes tuteurs ont payé quelques legs
pieux, & en rendant compte en préſence du Sr. du
Hameau, ils ont porté le paiement dans les miſes du
compte, & il eſt dit à côté *bon pour cela*; le teſtament,
étant déclaré nul faute de date, (**) on prétendoit que
les paiemens induiſoient une approbation du teſtament qui
devoit être en tous ſes points accomplis, ſuivant l'autorité
de Stockmans, & qu'ainſi la ſubſtitution devoit avoir lieu;
la Dame du Hameau qui étoit inſtituée héritiére par le Sr.
du Hameau ſon mari, ſoutenoit le contraire; & il fut
jugé au rapport de M. Muſſet, que le paiement du legs
pieux, n'induiſoit pas une approbation entiére du teſtament.

DANS le cas contraire, *ſi l'acceptation d'un legs induit une*
approbation? la queſtion s'eſt préſentée en la Tournelle, au
mois d'Avril 1691. Anne Herveng avoit fait un teſtament, par lequel elle inſtituoit les pauvres de Douay ſes héritiers univerſels, & fait quelques legs de peu de valeur à
Martin & Bauduine Crignart; ſavoir trois florins une
fois à l'un, & cinquante florins à l'autre; comme les
parens devoient être préférés dans la diſtribution des biens,
ils reçurent auſſi diverſes ſommes par forme d'aumônes, &

(*) Voyez l'Arrêt 67 ci-après.
[**] Voyez l'Arrêt précédent, page 286.

intervinrent au compte de l'exécution, fans pourtant y figner ni avoir été appellés, ayant examiné l'état de la Teftatrice quand elle fit fon teftament, & croyant trouver qu'elle étoit débile d'efprit, fourde & aveugle, ils accufèrent de nullité ledit teftament; l'exécuteur teftamentaire, nommé Philippe-Louis Trigault, Chanoine de la Collégiale de St. Amé, dénioit tous les faits, & pour raifon préliminaire il alléguoit qu'ils avoient approuvé le teftament par la réception de leur legs, par la recette des aumônes, & par leur préfence au compte des exécuteurs; lefdits Martin & Bauduine Crignant au contraire foutenoient que ces actes ne pouvoient pas leur nuire, qu'ils l'avoient fait par ignorance de leur droit : par Sentence de la Gouvernance de Douay ils furent renvoyés du chef de l'approbation, de quoi ayant appellé & obtenu lettres de reftitution en entier, il y eut trois voix qui décidèrent qu'ils n'avoient pas befoin de lettres ; M. de Roubaix fut d'opinion que la réception du legs induifoit approbation, mais que par la modicité du legs, & que d'ailleurs ils étoient pauvres & ignorans, ils devoient être relevés ; M. Errembault ne croyoit pas que la réception du legs induifoit approbation, non plus que M. Defnaux, mais nonobftant ce, qu'il falloit prendre égard à la Requête civile ; je ne fais fur quel fondement ceci étoit appuyé, cependant il fut ainfi jugé, & en entérinant lefdites lettres, la Sentence de la Gouvernance de Douay fut réformée.

ARRÉT

ARRÊT XI.

Si, dans l'espèce des deux Arrêts précédens l'inscription de faux est nécessaire?

DANS la même cause (*), on a aussi argué le testament de faux ; on a demandé s'il falloit inscription, il a été jugé qu'oui suivant le sentiment de Mr. le Président Errembault, des Conseillers Mondet, de Roubaix, Desnaux, *contraditibus* de Flines, Couvreur & Buissy : on proposa la chose dans les deux Chambres afin d'établir une maxime, à cause qu'il y avoit des Arrêts qui avoient admis l'accusation de faux civilement sans inscription, mais s'étant élévées à ce sujet plusieurs difficultés, il n'a rien été décidé.

(*) Voyez les deux Arrêts précédens, pages 286 & 287.

ARRÊT XII.

Stipulation d'intérêt jugée valable.

UNE femme ayant plufieurs prétentions à la charge d'un nommé Sable, telles que des rentes, des obligations, & le prix de diverfes marchandifes, fit faifir l'an 1670, une Ferme fituée à Warneton, & occupée par François de Wildre, fur laquelle faifie on plaida jufqu'en l'an 1678; dans cette année les parties tranfigèrent pour la fomme de fix cens cinquante livres de gros à payer en quatre termes, favoir, cinquante livres de gros au Noël 1679, & le refte en trois termes égaux, favoir, deux cens livres de gros à pareil jour des trois années fuivantes, & que cependant on payeroit les intérêts, à caufe, eft-il dit, que lefdites fommes engendroient intérêt avant la tranfaction : il fut queftion de favoir fi ces intérêts ont pu être ftipulés par l'Oppofante; on difoit que par la tranfaction il y avoit novation; que ce qui étoit rente auparavant, ou obligation cédulaire, avoit été confondu dans la fomme de fix cens cinquante livres de gros; qu'ayant eu novation, ce n'étoit plus qu'une fomme d'argent qui étoit due, & dont on avoit atterminé le paiement, qu'ainfi les intérêts étoient ftipulés *ob dilatam folutionem ;* que fuivant l'opinion de l'*EOTARDUS*, en fon traité *de ufur. cap.* 1, *ufura eft acceffio fortis debitæ ex folo tempore tardæ folutionis*, que cette définition s'appliquoit à notre cas, puifque les intérêts que l'on ftipuloit étoient à caufe de l'attermination de paiement; qu'il importoit fort peu que les fommes antérieures engendraffent intérêt, d'autant que par la tranfaction ayant eu novation, & toutes les prétentions ayant été réduites à la fomme de fix cens cinquante livres de gros, dont Sable fe confeffoit redevable, cette fomme par conféquent étant exigible, les intérêts qu'on ftipuloit n'étoient que pour le temps que l'on donnoit pour le paiement, ce qui tomboit dans un prêt tacite . . . . de cet avis étoient Mrs. de Buiſſy, Rapporteur, de Flines & Couvreur, mais Mrs. le Préſident Errembault, Mondet, de Roubaix, & Deſnaux, ayant été d'opinion contraire, parce que par la tranſaction on ne faiſoit que continuer les intérêts qui étoient auparavant dus ; il fut ainſi jugé le . . . Mai 1691.

ARRÊT XIII.

Un Vicaire qui prétend une portion congrue, doit prouver que la dîme Eccléſiaſtique n'eſt pas ſuffiſante.

LE . . . Mai 1691, fut jugé preſque de l'opinion de toutes les Chambres, qu'un Vicaire prétendant portion congrue ſur la dîme inféodée, étoit obligé de prouver que la dîme Eccléſiaſtique n'étoit pas ſuffiſante ; en la cauſe du Vicaire de . . . . contre le S.ʳ Rolant, du pays de Liége, poſſédant la dîme inféodée, au rapport de M.ʳ de Buiſſy.

ARRÊT XIV.

Si dans la Coutume de Lille un mari peut instituer sa belle-mère héritière universelle ?

LE 20 Juillet 1690, il fut jugé de commun consentement, excepté de celui de M.ʳ de Buissy, qu'un mari peut donner à sa belle-mère par testament tous ses biens, quoique la Coutume de Lille défende aux conjoints de s'avancer directement ou indirectement, à cause que par le Droit, suivant la Loi 5, ff. *de donat. inter vir. & uxor.* cela est permis; & quoique la Coutume se serve du mot *indirectement*, on a néanmoins jugé que ce n'étoit pas un avantage indirect, à cause que la fille qui pouvoit succéder à la mère, ne profitoit rien en vertu de l'institution, mais si par hasard elle venoit à la succession, ce seroit *novo titulo*, & à cause que ces biens se trouveroient dans la succession, la mère ayant eu la liberté d'en disposer, & même de le dépenser : ainsi jugé en la cause de la Dame de Bengerdal, au profit de D.ˡˡᵉ Claire Caillet, veuve du S.ʳ Bestelny, & de la D.ˡˡᵉ sa mère, au rapport de M.ʳ Desnaux ; mais parce qu'il y avoit des faits allégués pour prouver que la mère n'étoit qu'une personne interposée, & qu'effectivement la femme étoit bénéficiée, *ex tacito fideicommisso*, on a admis à vérifier ces faits, ayant été préjugé que la Sentence des Mayeur & Echevins de Lille, sur le point de Droit, avoit été bien rendue, MM. de Polinchove, Président, Mondet, Desnaux, de Flines, Couvreur, Buissy.

LE 24 Février 1772, la Cour a déclaré que dans les Coutumes qui défendent aux conjoints de s'avantager l'un l'autre directement ou indirectement, les enfans de l'un ou l'autre des conjoints sont compris par la prohibition portée par lesdites Coutumes, & a fait défense de soutenir à l'avenir le sentiment contraire.

ARRÊT XV.

1.° Si un locataire étant sorti à cause qu'il falloit bâtir, peut après le bâtiment achevé, rentrer dans la maison?

2.° De quelle manière on doit fixer le loyer, & si le temps que le locataire a été dehors, est compté entre les années de son bail?

LE nommé N. . . . avoit loué l'Hôtellerie du Moulin, sur la grande Place à Lille, pour le terme de trois, six ou neuf ans à son choix, pendant ce temps le Magistrat de ladite Ville faisant sa visite, ordonne au propriétaire de rebâtir sa maison ; le propriétaire y souscrivit, & à cet effet fit sommer le locataire de sortir de sa maison ; le locataire répondit qu'il sortiroit, mais qu'il prétendoit d'y rentrer après que le bâtiment seroit achevé ; cela donna lieu à un procès pardevant les Mayeur & Echevins de Lille, qui déboutèrent le locataire de sa prétention, & déclarèrent le bail résolu : appel à la Cour, où le propriétaire soutint que du moins il devoit augmenter le rendage à proportion de ce qu'on lui avoit offert ; le locataire au contraire dit qu'il ne devoit augmenter son rendage qu'à proportion de ce que les Experts estimeroient sa maison plus valoir, & qu'au surplus il devoit jouir de la maison pendant neuf années, en déduisant le temps qu'on avoit employé à la réparer : sur quoi intervint Arrêt le 14 Août 1691, au rapport du Conseiller Dubois d'Hermaville, qui infirma la Sentence de Lille, & permit au locataire de rentrer dans sa maison, suivant le sentiment de la gloss. *in lege, si duo,* §. *inquilinum,* ff. *uti possidetis* ; de Bartol, sur la même Loi *de Roman. consil.* 225.

MARSILLIUS, *in rubric. de fidejuss. num.* 223, au rapport de Coraccius, *lib.* 4, *quæst.* 23, *num.* 16 ; de Molina & de Tiraqueau, *in tractatu cessante causâ, cessat effectus,* suivant le rapport de Brunemanus, sur la Loi *æde, cod. de lo-*

cat. & conduct. Gothoffred. fur ladite Loi ; & il fut jugé *omnium votis*, que le prix du loyer devoit feulement s'augmenter fuivant le dire des Experts, & point fuivant ce qu'on en avoit offert, d'autant que ce dernier moyen d'eftimer les chofes étoit trop dangereux, puifque de femblables offres fe peuvent faire, *per affectionem*, ou par collufion, & que la voie ordinaire d'eftimer le prix des chofes fuivant l'équité & la juftice, c'eft la voie des Experts ; mais il y eut plus de difficulté pour favoir fi on devoit compter le temps de la réfection dans les neuf ans ou point ; trois Juges furent pour ne les pas compter, à caufe que le bail étoit pendant ce temps fufpendu, mais les autres quatre furent de fentiment contraire, fuivant l'opinion de Gothoff. fur la Loi *æde de locat. & conduct.* d'autant que cela doit être réputé pour un cas fortuit qui doit rejaillir fur le locataire, à l'exemple de la vente où le péril tombe toujours fur l'acheteur ; du premier avis furent MM. Dubois d'Hermaville, Rapporteur, Cordouan, & Vifart ; du fecond, qui fut celui de l'Arrêt, MM. Odemaer, de Flines, Pollet, & le Préfident Errembault.

ARRÊT XVI.

Si les Curés primitifs font obligés d'évacuer leurs dîmes pour la portion congrue, avant pouvoir demander régalement aux autres Décimateurs, & à quelle marque on reconnoît qu'une Communauté eft Curé primitif?

AU procès d'entre le Chapitre d'Antoing, Demandeur en régalement contre les Abbé & Religieux de St. Marc, au fujet de la portion congrue du Curé de Wafmes, deux queftions fe préfentèrent à juger ; la première, fi les Curés primitifs font obligés d'évacuer leurs dîmes avant d'avoir recours aux autres Décimateurs ; & la feconde, fi le Chapitre d'Antoing étoit Curé primitif de Wafmes? La première queftion fut pour la négative ; on difoit que l'Ordonnance du Roi de l'an 1688, au fujet des portions congrues, fembloit fuppofer que tous les Décimateurs étoient tenus folidairement à la portion congrue & à proportion de la dîme : qu'en effet la dîme étant la portion des Curés, elle étoit également affectée à ladite portion, qu'ainfi il avoit été jugé au Parlement de Paris ; il fut néanmoins jugé le contraire, à raifon de divers Arrêts du Parlement, & que d'ailleurs les Curés primitifs ayant eu la dotation de la Cure, & la portion pour adminiftrer les fonctions Paftorales, ce qu'ils poffédoient de dîmes étoit la part du Curé ; qu'ils n'ont pu fe délivrer de fes fonctions en établiffant des Vicaires, qu'en rendant auffi ce qu'ils avoient eu pour leur adminiftration ; comme un Curé qui auroit de quoi vivre compétemment de fa Cure, ne pourroit pas demander fa portion congrue, ainfi les Curés primitifs ne peuvent agir contre les autres Décimateurs, puifqu'en ce cas la Cure eft fuffifamment dotée ; que l'Edit du Roi de l'an 1688, ne parle pas des Curés primitifs,

& ne règle pas ce cas, que la maxime du Parlement de Tournai eſt contraire à celle-du Parlement de Paris.

Sur la ſeconde queſtion, ceux de St. Marc diſoient que le Chapitre d'Antoing étoit Curé primitif, puiſqu'il étoit conſtant qu'il étoit patron & collateur de la Cure, que c'étoit la Doctrine de Zypæus; qu'il ſuffiſoit à une Communauté d'être patron & collateur, & percevoir la dîme, pour être Curé primitif; qu'il y avoit ici plus; qu'il paroiſſoit par des anciens titres que ledit Chapitre avoit le perſonnat de ladite Cure de Waſmes, qu'il prenoit même les dîmes conjointement avec le Curé, que d'ailleurs il ne produiſoit pas l'acquiſition de ſa partie de dîme; & on a jugé que ces marques étoient ſuffiſantes pour attribuer au Chapitre d'Antoing la qualité de Curé primitif: ainſi jugé au rapport de M.ʳ Hendrick, le .. Octobre 1691, de l'avis de M.ʳˢ le Préſident Errembault, Mullet, de Flines, Couvreur, & d'Hermaville; *contradicentibus* Hendrick & Viſart.

ARRÊT

ARRÊT XVII.

Si une femme qui a impétré commiſſion de miſe de fait, parce que ſon mari étoit fugitif pour ſes dettes, pouvoit valablement, ſans être autoriſée de ſon mari ou de la Juſtice, céder une ſomme de deniers qui lui devoit revenir, à ſes créanciers, envers qui elle étoit obligée ainſi que ſon mari, avec toutes ſortes de rénonciations?

IL fut jugé en la cauſe de N. Iſbecq, maître Apo-thicaire, & N. Lericque, que la veuve Ranſon avoit pu lui céder ce qui lui devoit revenir de ſa miſe de fait, en paiement de ce qu'elle lui devoit par contrat fait avec ſon mari, duquel elle avoit été autoriſée, par la raiſon que le contrat ayant été fait de l'autoriſation de ſon mari, elle ne faiſoit que payer ce à quoi elle étoit obligée; auquel effet la première autoriſation influoit: pluſieurs furent auſſi d'avis que le défaut d'autoriſation n'emportoit qu'une nullité reſpective, enſorte que le mari ne réclamant pas, le contrat ſubſiſtoit à l'égard de la femme & de ſes créanciers; de ce nombre étoit le Préſident Errembault, les Conſeillers Hendrick, Delvigne, & Mullet Rapporteur, mais les autres ne voulurent pas toucher à cette queſtion; ainſi jugé le 5 Novembre 1691, du ſentiment du Rapporteur, & des Conſeillers Hendrick, Delevigne, de Flines, Dubois d'Hermaville; *contradicente* Viſart, qui ſoutenoit que la nul-lité étoit abſolue, & que pour payer, ainſi que pour toute autre choſe, il falloit l'autoriſation du mari; cet Arrêt a infirmé la Sentence rendue par les Prévôt & Jurés de Tournai.

ARRÊT XVIII.

Si la cession transfère la propriété sans signification ?

DANS la même cause (*) il fut encore jugé que la cession simple sans signification transfère la propriété, à cause que *in incorporalibus cessio habetur pro traditione*, & telle est la maxime du Parlement de Tournai dans les lieux où l'usage n'est pas contraire ; ainsi jugé, *solo contradicente* Visart, qui ne s'est pas voulu rendre, quoique la question avoit été solemnellement jugée de l'avis des trois Chambres pour Valenciennes.

ARRÊT XIX.

Si le décret purge la propriété ?

EN la cause de la veuve Fontaine, contre Martin de Bray, il fut jugé qu'un décret étoit nul quand il étoit fait *super non Domino*, & que le décret ne purgeoit pas la propriété suivant l'opinion de Postius, *de subhastationibus*, & qu'il falloit une citation particulière, principalement quand le propriétaire est demeurant dans une autre Province, la simple connoissance du propriétaire sans signification ne pouvant lui faire perdre ses droits ; voyez sur cette question Postius, *loco citato*. Mathæus, *de actionib.* cap. 18 ; Papon, *des criées & subhastations* ; ainsi jugé, *contradicente* Couvreur, au rapport de M. Hendrick, & suivant l'avis de MM. le Président Errembault, & des Conseillers Visart, d'Hermaville, Mullet & de Flines ; Stockmans est contraire dans sa décision 114.

(*) Voyez l'Arrêt précédent, pag. 297.

ARRÊT XX.

Si le décret étant nul, l'acheteur fait les fruits siens ?

DANS la même caufe (*) il fut jugé que ledit de Bray, devoit reftituer les cours de la rente qu'il avoit achetée par décret, plufieurs fe fondant fur ce que le décret étant nul, il n'auroit aucun titre pour faire les fruits fiens, & de ce fentiment étoient les Confeillers Hendrick & Vifart; le Préfident Errembault, Mullet & Dubois d'Hermaville, fe fondoient fur ce que l'acheteur n'étoit point de bonne-foi, à caufe qu'au nantiffement fait par lui, il s'étoit oppofé à la levée des deniers avant qu'on ne lui délivrât les titres originaux de la rente ; pour établir que celui fur qui on pourfuivoit le décret en étoit propriétaire, MM. de Flines & Couvreur foutenoient qu'il ne devoit pas être fruftré des fruits perçus pendant le temps de fon adjudication, & le temps du procès fur revendication : à la première raifon ils répondoient fort facilement que le décret n'étoit nul qu'à caufe qu'il étoit fait *fuper non Domino* ; que cela ne pouvoit empêcher à l'acheteur de faire les fruits fiens, puifque c'étoit un vice qu'il pouvoit ignorer, & que cela arrive à tous les poffeffeurs de bonne-foi qui étoient évincés de leurs achats, & que néanmoins les fruits leur étoient propres, qu'autrement il falloit abroger toutes les Loix du digefte & du code, qui difent *quod bonæ fidei poffeffor frudtus faciat fuos :* à la feconde, ils difoient qu'on ne pouvoit pas dire que Martin de Bray étoit de mauvaife foi pour avoir mis lefdites conditions à fon nantiffement ; qu'il pouvoit exiger cette fûreté, attendu qu'on ne lui produifoit qu'un double de la rente décrétée, & encore étoit elle fous le nom d'un nommé Chrétien, Docteur en Médecine de Valenciennes, & par conféquent qu'il avoit pû mettre ces conditions à fon nantiffement ; que de-là on pouvoit feulement inférer qu'il

____

(*) Voyez l'Arrêt qui précède celui-ci, pag. 298

avoit quelque doute, or qu'il fuffifoit pour gagner les fruits *abeſſe malam fidem*, & qu'il n'étoit pas néceſſaire *habere bonam fidem poſitivam*, ſuivant l'opinion de Poſtius: néanmoins il fut jugé au contraire, les uns à cauſe qu'ils jugeoient que de Bray étoit de mauvaiſe foi, *aliter judicaturi ſi bonam fidem habuiſſet*, les autres pour la première raiſon ci-deſſus alléguée.

ARRÊT XXI.

Si un impétrant de bénéfice d'inventaire, déchet de ſon bénéfice d'inventaire, quand il n'a pas ajourné un créancier connu, quoiqu'abſent? (*)

GILLES-FERDINAND STALINS, ne voulant pas ſe porter héritier ſimple de ſon frère, impétra des lettres de bénéfice d'inventaire, le *committimus* adreſſé au Magiſtrat d'Ypres, lieu de la maiſon mortuaire de ſon frère, & fit faire les publications à la breteſque, & des inſinuations particulières à certains créanciers demeurans ſous la Juriſdiction du Magiſtrat d'Ypres: à la révolution de l'année il déclara qu'il vouloit continuer dans le bénéfice d'inventaire, & fit faire les inſinuations à Françoiſe Meſſe, veuve d'Antoine Heddebaut, à l'égard de laquelle ledit Stalins avoit repris les erremens du procès contre ſon frère, qu'il a gagné; ladite veuve demeuroit à Lille, & s'eſt oppoſée à ce que Stalins put jouir de ſon bénéfice d'inventaire, ſe fondant ſur ce qu'ayant été créancière, elle n'avoit pas été ſignifiée particulièrement en dedans le terme preſcrit par l'Edit perpétuel: Stalins au contraire ſe fondoit ſur ce qu'il n'avoit pas dû la ſignifier, puiſqu'il étoit en procès; que ç'eut été la reconnoître créancière que de la faire inſinuer, outre que l'inſinuation ne ſe faiſant pas à d'autre effet que pour

---

(*) Voyez l'Arrêt 45 de ce Recueil, tom. I, pag. 213.

faire vérifier le dû, il n'étoit pas néceſſaire de là faire ſignifier, puiſqu'ils étoient en procès pour la vérification de ladite dette à la Cour : ladite veuve au contraire diſoit qu'elle
avoit dû être ſignifiée principalement, puiſqu'elle étoit
connue, qu'elle prétendoit quelque droit ; que l'Edit perpétuel de 1611, ne diſoit pas ſeulement qu'il falloit ſignifier tous les créanciers, mais tous prétendans droit ; que
la ſignification n'étoit pas inutile, attendu que la vérification
ſe devoit faire de la dette, à l'égard non-ſeulement du
débiteur, mais que tous les autres créanciers avoient auſſi droit
de diſputer la légalité de la dette de l'un & de l'autre ; que les
articles 30 & ſuivans de l'Edit perpétuel, étoient clairs ; qu'il
falloit ſignifier les perſonnes connues & préſentes ; que ces
mots devoient être *disjonctivés* & non *conjonctivés* ; ce dernier moyen n'avoit pas été allégué par les parties, mais le
Juge trouva à propos de le ſuppléer, car pour l'exception
alléguée qu'il ne falloit pas de ſignification, à raiſon qu'ils
étoient en procès, elle ne fut conſidérée que par M. Couvreur, les autres ne s'y étant pas arrêtés ; mais on diſputa
long-temps s'il ſuffiſoit d'une ſignification générale à la
breteſque pour les perſonnes abſentes & connues, ou s'il
falloit une ſignification ſpéciale : M.ʳˢ les Préſident Errembault, & Conſeillers Hendrick & Couvreur, ſoutenoient
qu'il falloit une ſignification à la breteſque ; de Flines ſoutenoit qu'il ne falloit pas diſcuter cette queſtion, puiſqu'elle n'a-
voit pas été alléguée, & quoique les actes d'inventaires & de ſi-
gnifications euſſent été produits, il ne paroiſſoit pas de ſignification à la breteſque, & qu'ainſi il falloit juger ſur la thèſe
& ſur la ſeule exception que Stalins alléguoit ; néanmoins
on étoit tenté de croire qu'il ne falloit pas une ſignification
ſpéciale ; la choſe parut aſſez de conſéquence pour en conſulter
les Chambres, & la première Chambre fut partagée, & à la
ſeconde on jugea tout d'une voix qu'il falloit une ſignification ſpéciale, & que les mots *connus* & *préſentes* devoient
être pris *disjunctivè*, ce qui n'étoit pas ſans difficulté, puiſque le mot de *préſentes* ne peut être pris que *conjunctivè*,
car il ne ſuffit pas d'être dans la même ville pour devoir

être fignifié particulièrement, mais il faut auffi être connu, puifqu'il eft impoffible d'affigner particulièrement une perfonne qui n'eft pas connue ; d'autres difoient que les fignifications à la bretefque étoient infuffifantes, à moins qu'on envoie un pédeftre aux perfonnes connues ; mais l'Edit perpétuel ne règle pas cela, & on ne voit pas de Loix ni d'Ordonnances qui déclarent les fignifications nulles, faute d'avoir envoyé un pédeftre ; néanmoins il fut jugé que Ferdinand Stalins étoit déchu de fes lettres, à l'égard de ladite veuve feulement, par Arrêt du 27 Novembre 1691.

ARRÊT XXII.

Si le débiteur a droit de garantie contre la caution d'un Huiffier qui a reçu la fomme portée en fa commiffion ? [*]

PAR le ftyle du Palais, art. 67, il eft dit que les débiteurs exécutés pour payer leur dû, pourront s'adreffer aux créanciers, fans qu'ils puiffent fe décharger en payant le dû à l'Huiffier, auquel on défend de recevoir ledit dû, à peine de fufpenfion & de privation de fes falaires : la Dame de Coornhufe fe trouvant exécutée pour paiement de quatre cens livres par Joffe Mathis, à la Requête du S.ʳ d'Enghien, paie ladite fomme audit Joffe Mathis, lequel vient à mourir infolvant avant de l'avoir rendu au S.ʳ d'Enghien ; celui-ci ne voyant point d'argent fait fommer par nouvelle exécution ladite Dame de Coornhufe de payer ladite fomme ; ladite Dame appelle en garant Jean Mathis, caution de Joffe, pour être indemnifée ; il fe défend, difant qu'il n'a cautionné ledit Mathis que pour les dommages intérêts qui pourroient réfulter de fes exploits en qualité d'Huiffier ; que le ftyle défendant de payer aux Huiffiers Exploiteurs,

[*] Voyez l'Arrêt 52 de ce Recueil, tom. I, pag. 260.

& aux Huissiers de recevoir, la recette de l'argent en question avoit été compté comme à une personne tierce, de qui on avoit suivi la foi; ladite Dame au contraire disoit que les cautions répondoient des Huissiers quand ils excédoient leur devoir, qu'il n'avoit pû recevoir cet argent au préjudice de l'Ordonnance de la Cour, qu'ainsi il avoit manqué *in officio*, & que la caution répondoit de ce manquement: ainsi fut jugé le 29 Novembre 1691, au rapport de Mr. Dubois d'Hermaville, *consentientibus* Errembault, Visart, Mullet, Couvreur, *dissentientibus* Hendrick & de Flines.

ARRÊT XXIII.

Si l'état d'une Béguine est état honorable à Tournai? [*]

LE 4 Mars 1692, il fut jugé à mon rapport, *omnium votis*, que l'état de Béguine à Tournai n'étoit pas un état honorable, à effet de faire cesser le fidéicommis en cas que l'héritier vint à mourir avant avoir pris état honorable, & ce, en la cause de Jacques Dugardin, Fermier de la Cense de Nechin, contre Antoine Dugardin, demeurant à Templeuve, au sujet du testament d'Anne Prevost, veuve de N. Escrepont.

(*) Voyez l'Arrêt 103 de ce Recueil, tom. I, pag. 409.

ARRÊT XXIV.

Si l'âge de vingt-cinq ans est un état honorable pour faire cesser un lien de retour? [*]

EN 1644, N.. Leleu, par son testament donne mille florins à deux de ses neveux en ligne directe, sous cette clause « je donne à François & Hugues Leleu, la » somme de mille florins, à leur fournir & payer quand » ils prendront état honorable, de quoi ils seront héritiers » l'un de l'autre, & si tous venoient à mourir sans avoir » pris ledit état honorable, lesdits mille florins retourne- » ront aux parens du côté du surnom Leleu. » L'un des neveux est mort en bas âge, & sa part est accrue à l'au- tre ; le second, en l'an 1662, étant âgé de vingt-deux ans, présente Requête au Conseil privé du Roi Catholique, pour avoir dispense d'âge, & représente, par la même Requête, que ledit Leleu lui avoit donné mille florins à lui payer quand il prendroit état honorable, sans parler de la clause de retour aux plus proches parens du côté du surnom de Leleu ; le Conseil privé du Roi lui accorde dis- pense d'âge, & déclare que quoique ledit Leleu n'ait pas pris état honorable, néanmoins il pourra recevoir son legs, & ensuite de ce, reçoit son legs de Jeanne Leleu, sous promesse de rendre le legs en cas qu'il vint à mourir avant l'âge de vingt-cinq ans : cependant ledit Leleu vit jusqu'à vingt-cinq ans, & meurt sans avoir été marié, ni pris l'état de Prêtrise ni de Religieux, ni fait vœu de chas- teté perpétuelle, & à sa mort laisse pour héritiers des parens maternels, d'où naît un procès entre les parens paternels du côté du surnom de Leleu, touchant les mille florins qui

doivent

(*) Voyez l'Arrêt 116 de ce Recueil, tom. I, pag. 452.

doivent retourner auxdits parens, en cas que ledit Leleu mourut avant avoir pris état honorable; les parens maternels héritiers se défendirent, & ont dit que la condition avoit été remplie; que ledit Leleu avoit pris état honorable, puisqu'il avoit atteint l'âge de vingt-cinq ans, & été au Service d'Espagne; qu'en effet ladite Jeanne Leleu l'avoit entendu comme cela, puisqu'en payant le legs, elle avoit seulement stipulé que lesdits mille florins lui retourneroient en cas qu'il vint à mourir avant d'avoir atteint l'âge de vingt-cinq ans; que ladite Jeanne Leleu étant la mère des Demandeurs, ils ne pouvoient contrevenir à son fait; la question fut seulement de savoir si l'âge de vingt-cinq ans étoit un état honorable au sens de la Testatrice, en telle sorte que ledit Leleu ayant atteint cet âge, eut droit de demander la délivrance du legs, & remplit la condition, car il étoit dit par les lettres du Conseil privé de Sa Majesté Catholique, que la qualité de Cornette n'étoit point un état honorable; les S.rs le Couvreur, Hendrick, Visart, Mullet & Dubois d'Hermaville, jugèrent que l'âge de vingt-cinq ans avoit fait évanouir la condition & le fidéicommis, suivant la Loi *ex his verbis, cod. quando dies legat. cedit*; & confirmèrent la Sentence de la Gouvernance de Douay: le S.r Président Polinchove, le Chevalier de Morghem & le Conseiller de Flines furent d'avis contraire: jugé le 16 Mars 1692.

ARRÊT XXV.

Si la clause de faire bonne une rente, *oblige le promettant à la faire* bonne *perpétuellement?*

AU procès du Sr. Dufart, Demandeur à la Prévôté-le-Comte à Valenciennes, & Appellant à la Cour, contre le Sr. Antoine de Gome; entr'autres questions il fut décidé que celui qui promet faire *bonne une, rente*, la doit faire exigible en tout temps, c'est-à-dire, qu'en tout temps il doit garantir que le débiteur de la rente est solvable; il fut ainsi jugé *omnium votis*, le . . . . Mars 1692.

ARRÊT XXVI.

Si la clause de faire bonne une rente, *demande discussion,* & quid *quand la discussion est difficile & embarrassée?*

JUGÉ en la même cause, que la clause de faire *bonne une rente*, demande discussion, mais que si la discussion est difficile, comme si le débiteur demeure en Espagne, alors on n'est pas obligé à la faire, *vide Rotam genuensem.*

ARRÊT XXVII.

Si la clause de tenir côte & ligne, induit un fidéicommis dans un traité de mariage?

EN la cause de la veuve du Sr. de Belin, le 20 Juin 1692, il fut jugé *omnium votis*, que la clause, « de » tenir côte & ligne d'où les biens procèdent » n'induit pas un fidéicommis, mais seulement un réglement *ab intestat*, suivant l'opinion de Stockmans, décis. 43 ; & on n'a pas fait de différence si ce sont les pères & mères qui apposent les conditions, ou les futurs marians, parce que l'on présume qu'une semblable clause est plutôt pour empêcher la communion, & que le survivant succède à ses biens, que pour induire une obligation absolue de les laisser à la ligne.

ARRÊT XXVIII.

Si un testament conjonctif est révocable quand les deux conjoints ont disposé ensemble?

DANS la même cause (*) on a mis en question si un testament conjonctif étoit révocable : quelques-uns soutenoient la négative dans le cas présent, qui étoit tel :

GUILLAUME FAULCONNIER, & Catherine de Coninck par leur testament « ont voulu & ordonnent que tous les
» biens qu'ils délaisseroient à leur trépas, fiefs & héritages, pa-
» trimoniaux & acquêts, meubles & pour tels réputés, suc-
» cèdent, compètent & appartiennent à tous leurs enfans,
» & enfans d'iceux par représentation, fans aucune distinc-
» tion ni préférence d'âge ou de sexe, nonobstant toutes
» les Coutumes contraires; & là où entre leursdits biens
» s'en trouveroient aucuns esquels par la Coutume de leur
» situation tous leursdits enfans ne pourront succéder-éga-
» lement, ordonnent que ceux ou celles qui en seront ex-
» clus prennent des autres biens qui leur seront de libre
» disposition, jusqu'à la valeur & estimation de ceux aux-
» quels ensuite de cette disposition ils ne pourroient suc-
» céder, en telle sorte qu'ils puissent parvenir à une juste
» égalité entre leursdits enfans » & après défendent à leurs
enfans, ou petits enfans qui viendroient à entrer en religion, de disposer de plus de six mille florins, en ces
termes « qu'ils ne pourront disposer que de la somme de
» six mille florins » & puis il est dit à la fin « voulant
» tout ce que dessus être entretenu ponctuellement, ne
» soit qu'ils aient disposé autrement, de quoi faire ils
» ont réservé le pouvoir & faculté, tant conjointement
» que séparément »»

(*) Voyez l'Arrêt précédent.

GUILLAUME FAULCONNIER mourut le lendemain, ou le jour même de son testament, délaissant sa femme superstite : près de quarante ans après, elle fit diverses donations entre-vifs à deux de ses enfans, savoir, au Sr. de Perenchies & à la Dame de Broide ; elle fait ensuite un testament par lequel elle donne presque tout à sesdits deux enfans, & fait quelques legs particuliers à la Dame de Belin, qui ne se croyant pas assée avantagée, intente un procès au Parlement de Tournai, & l'ayant perdu, elle intempte la révision.

CEUX qui soutenoient que le testament conjonctif n'avoit pû être révoqué, disoient que tous les testamens de leur nature étoient révocables de Droit, mais que la pratique avoit introduit trois cas auxquels ils étoient irrévocables. 1.º Quand le testament étoit mutuel & que les conjoints profitoient de quelque chose en vertu de ce testament, si le superstite avoit profité de ce qui lui étoit donné, il s'ensuivoit une approbation qui rendoit le testament irrévocable ; Ricard, *du don mutuel*, nom. 272 & suivans. 2.º Quand deux conjoints consentoient mutuellement de disposer du bien de l'un & de l'autre. 3.º Quand il y avoit mélange de bien. L'on disoit que le cas qui se présentoit à juger étoit dans le second & troisième cas ; qu'en effet, ce n'étoit qu'une disposition ; que tous deux disposoient de la masse de tous les biens ; qu'ils ne pouvoient ainsi disposer que d'un consentement mutuel ; que c'étoit un mélange, que l'un disposoit en vue de l'égalité & contemplation de l'autre ; que pour marque de cela il étoit dit, que le remplacement de ce que par Coutume, les enfans ne pourroient pas partager, se prendroit sur les autres biens qui leur sont de libre disposition, afin de les dédommager de ceux auxquels ils ne peuvent succéder ; que le mot *disposition* étant singulier pour marquer qu'ils ne faisoient qu'une seule disposition, pour plus grande marque que tout se fait afin qu'ils puissent parvenir à une juste égalité ; qu'il y avoit plus ; il étoit défendu aux enfans & petits enfans de porter plus de six mille florins, entrant en religion ; que ces six mille florins devoient venir de ces deux successions, d'autant plus que les petits enfans pouvoient difpofer de femblables fommes, & que ne confidérant qu'une fucceffion, ils n'auroient pas eu affez pour que chaque petit enfant put porter femblable fomme.

MAIS nonobftant ce, on jugea pour l'affirmative, par cette raifon que les teftamens font des actes ambulatoires jufqu'au dernier moment de la vie; que de leur nature ils font fujets au changement, par la raifon que la feule confection ne donne aucun droit aux parties, mais prend feulement force à la mort, & en ce cas par l'acceptation de ceux au profit de qui il eft fait; il eft fujet au changement comme tous les autres actes qui ne font pas acceptés; qu'ainfi celui qui veut faire changer de nature un teftament, doit montrer l'irrévocabilité, que cette irrévocabilité ne fe collige pas du Droit: les Auteurs du pays ont introduit une feule manière de le rendre irrévocable, qui eft le mélange des biens, à caufe qu'en ce cas chacun étant préfumé de donner à fes enfans le partage qui lui eft affigné, ils font cenfés confentir à la difpofition mutuelle de leurs biens, puifqu'on ne voit pas qu'ils fe donnent l'un à l'autre, & qu'il n'y a aucun mélange de biens: que les conjectures qu'on veut tirer du teftament même dépendent uniquement du premier principe, favoir, fi quand ils veulent que tous les biens appartiennent à leurs enfans également, il faut entendre cela *collective*, ou *diftributive*, & la preuve qu'il le faut entendre *diftributive*, c'eft qu'il n'eft point dit les biens qu'ils délaifferont après le trépas du dernier mourant, mais feulement qu'ils délaifferont après leur trépas: ainfi il ne falloit pas attendre la mort du dernier pour partager entre les enfans, mais le partage des biens du père avoit pu être fait, & avoit été fait avant la mort de la mère, ainfi toutes ces claufes avoient été divifées.

EN EFFET, fi quelqu'un des enfans étoit entré en religion avant la mort de la mère, il n'auroit pu difpofer que de trois mille florins, & ainfi on n'avoit pu dire que cette claufe étoit individue; que la plus grande marque qu'ils n'a-

voient voulu difpofer que de chacun leurs biens en une feule
difpofition , c'étoit qu'ils s'étoient réfervés le pouvoir de la
changer féparément ou conjointement ; qu'il eft certain que
fi l'un l'eut révoqué pendant la conjonction , toutes les claufes auroient été divifées & entendues divifément : il faut donc
croire que l'ayant révoqué après la mort de l'un des conjoints,
cette révocation a dû avoir lieu ; qu'il n'y a pas de raifon de reftreindre le pouvoir de révoquer féparément à la vie des
deux conjoints , puifqu'il n'y a pas d'apparence que cette
claufe auroit été appofée pour cet effet feul , puifque Guillaume Faulconnier étoit à la mort , & qu'il eft mort le jour
même , ou le lendemain de la paffation du teftament : qu'enfin tous les Auteurs du pays qui parloient des teftamens ,
parloient dans le cas que deux conjoints difpofôient au profit des enfans également , & néanmoins foutenoient qu'il étoit
révocable , comme Peckius, Stockmans, Deckerus, Wame-
fius , Curardus , & plufieurs autres ; que Ricard dans le
traité *du don mutuel* , n. 272 , étoit du même avis , &
rapportoit un Arrêt du Parlement de Paris : il fut ainfi jugé en fuivant l'opinion du Rapporteur M.ᵉ Odomaer, *Do-*
minis Præfidibus Polinchove & Hattu , *& Dominis Confi-*
liariis , Morghem, Hendrick, Bruneau, de Flines , Pollet,
de la Verdure , de Buiffy , d'Hermaville , *Confiliario arthæ-*
fiæ , le Febvre , *Doctoribus Duacenfibus* , de Stecke & Clo-
ché , *diffentientibus ex Confiliariis Arthefiæ* , Carlier , Gré-
goire , la Haye , Dorée , Deguifluy , *Confiliariis Parlamen-*
ti , Cordouan & Mullet.

ARRÊT XXIX.

Si un Créancier ceſſionnaire des rendages d'une Ferme doit être préféré, étant antérieur, à un autre Créancier qui a fait ſaiſir le fond poſtérieurement à la ceſſion (*) ?

DAns la cauſe de l'Herbier contre la veuve Berckem, il fut jugé que le ſaiſiſſant du fond, quoique poſtérieur en date, doit être préféré à un ſimple ceſſionnaire de rendage, quand il n'y a pas de réaliſation pour la ceſſion, à raiſon que celui qui ſaiſit le fond a droit des fruits qui ſont réputés partie du fond, & par conſéquent des rendages qui ſont le prix des fruits, & n'importe qu'il eut cédé le rendage, & que *in incorporalibus ceſſio habetur pro traditione, ut conſtanter tenetur in Senatu Tornacenſi*; d'autant plus qu'en ce cas le cédant, cède une choſe qui dans le temps de l'échéance ne lui appartient plus, car de même que ſi le ſaiſiſſant avoit vendu en vertu de la ſaiſie, les rendages appartiendroient à l'acheteur, & le prix aux ſaiſiſſans; ainſi il en eſt de même pour les fruits, à cauſe qu'ils font partie du fond.

AINSI jugé le .... Juin 1692, *conſentientibus Præſide*, Hattu, *Conſiliariis*, Hendrick, Mullet, de Flines, *dubio*, Dubois d'Hermaville, *diſſentiente*, Couvreur, Rapporteur, & Viſart, *Conſiliariis*.

SUR cette matière, voyez M.ʳ Desjaunaux, tome III. Arrêt XXXIV.

______

(*) Voyez auſſi l'Arrêt CXIII. de ce Recueil, tom. I, pag. 436.

ARRÊT XXX.

Si une rente est nullé à défaut de rapporter l'octroi du Su-
périeur Ecclésiastique, quoiqu'il en soit fait mention dans
les lettres, & que le débat soit fait cent ans après le paie-
ment & création de la rente? (*)

LE 9 Juillet 1692, en la cause des Abbé & Religieux
d'Hasnon, contre les Jésuites de Maubeuge, il fut jugé
qu'il suffisoit que les lettres de rente fissent mention de
l'autorisation de l'Evêque d'Arras, quoique les lettres
d'octroi ne fussent pas résumées ni produites, à cause de son
antiquité, & que le paiement fait pendant cent ans faisoit
présumer que cette autorisation y étoit intervenue, *cum in*
antiquis enuntiativa probent & solemnitates extrinsecæ præsu-
mantur post tam longum tempus; ità judicatum, omnium vo-
tis, scilicet Præsidis Hattu, *& Consiliorum,* Hendrick,
Visart, Mullet, *referente,* de Flines, Couvreur & Dubois
d'Hermaville.

(*) Voyez l'Arrêt CIX de ce Recueil, tom. I. pag. 423.

ARRÊT XXXI.

Si l'Octroi du Roi est nécessaire en Hainaut pour créer
*rentes par les Abbayes ? (*)*

DANS la même cause (**), il fût question de savoir si la rente
à défaut d'octroi du Prince, étoit nulle; l'Abbé d'Hasnon
soutenoit que les Abbayes étant sous la protection du Roi,
il étoit de ses soins de veiller à ce que les biens ne fussent pas
dissipés; que les Chartres du Hainaut disoient que les Communautés devoient avoir octroi du Roi pour s'obliger; que
sur un doute semblable le Conseil ordinaire de Mons, ayant
consulté le Conseil privé de Bruxelles en une cause que
l'Abbé de Maroilles y soutenoit en l'an 1672, ce dernier
avoit déclaré toutes les rentes nulles sans octroi du Roi;
qu'en conformité de cette déclaration, ledit Conseil ordinaire de Mons l'avoit ainsi jugé.

LE Père Recteur convenoit que l'octroi n'étoit pas à la
vérité intervenu, mais il soutenoit qu'il n'en falloit pas;
que tel étoit l'usage du Hainaut, produisant à cet effet un
Arrêt de la Cour à Mons de l'an 1662, contre le Monas-
tère d'Andregnies : il disoit contre la déclaration de Mon-
terey ou du Conseil privé de Bruxelles, qu'elle n'avoit pas été
suivie; qu'en effet la cause de l'Abbé de Maroilles, ayant été
par appel de l'Audience du Conseil ordinaire de Mons, à la
Cour, la Sentence avoit été réformée, suivant la copie du
dictum qu'il produisoit, & que ladite Cour de Mons avoit
écrit au Conseil privé qu'elle ne pouvoit suivre leur déclaration en conscience, comme contraire à leurs usages, &
aux Arrêts qu'ils avoient de tout temps rendus; qu'ainsi ils
ne laisseroient pas de juger le contraire : qu'en effet, en
une cause semblable que soutenoit l'Abbé de Saint Guislain

(*) Voyez l'Arrêt CIX, de ce Recueil, tom. I, pag. 423.
[**] Voyez l'Arrêt précédent.

en l'an 1689, ils avoient jugé une semblable rente valable, nonobstant que l'Abbé de Saint Guislain eut demandé au Conseil privé de Bruxelles que la déclaration de l'an
1672 fut confirmée : & ce qui marque encore plus que cette
déclaration n'avoit pas été reçue, c'est que le Conseil privé
sur ladite Requête de l'Abbé de Saint Guislain, avoit ordonné
qu'elle seroit jointe au procès pour être jugé par la Cour
comme ils trouveroient convenir.

Ces raisons ont parues bonnes à la compagnie & à tous
les Juges, mais comme tous ces titres, Arrêts & Requêtes
n'avoient été joints qu'à leur fournissement, & que la partie n'en avoit pas eu communication, il sembloit à M.
le Président Hattu, & aux Conseillers de Flines & Couvreur, qu'il falloit avant tout ordonner que lesdits titres seroient communiqués à l'Abbé d'Hasnon; mais les autres quatre, tels que M. Mullet, Rapporteur, Hendrick, Visart &
Dubois d'Hermaville, déboutèrent absolument ledit Abbé,
par la raison que lesdits titres paroissoient être des pièces
authentiques & suffisantes; ainsi raisonnoient Mrs. Hendrick, Visart, Mullet, & Dubois d'Hermaville, par le
principe que cette déclaration de l'an 1672 n'étoit qu'un
acte privé, à cause qu'elle n'avoit pas été publiée, & que
les trois états ne l'avoient pas agréé : ainsi fut jugé le 9
Juillet 1692.

ARRÊT XXXII.

Si le créancier hypothécaire du fond doit être préféré à celui qui saisit le rendage de Ferme? (*)

LEs héritiers du nommé Duhot à Lille, font saisir en l'an 1678, après la paix de Nimégue, les biens appartenans au Sieur Comte d'Egmont, & en même-temps font aussi saisir le rendage échu & à écheoir entre les mains du Receveur & des Fermiers, ne poursuivent pas leur saisie au fond, ne font aucunes criées ; ne font établir aucun sequestre, mais poursuivent la saisie des rendages, & font nantir les redevances ; en conséquence le Receveur nantit une grosse somme de deniers : l'ordre devant se faire à la Gouvernance de Lille, les hypothécaires antérieurs viennent le contester, & disent qu'ils doivent être préférés, à cause qu'étant créanciers antérieurs, la saisie ne leur peut nuire, puisqu'on avoit saisi des rendages qui n'étoient pas échus, & par conséquent une chose qui étoit hypothéquée à la rente ; que suivant la Coutume de Lille les fruits pendans sont réputés immeubles & faire partie du fond ; mais cette raison ne fut guères considérée, attendu qu'on n'avoit pas saisi les fruits, mais seulement les rendages, lesquels étant échus avant que les hypothécaires eussent agi, avoient été mobilisés ; mais la difficulté qu'on trouvoit étoit que les saisissans avoient aussi saisi le fond, & par conséquent les fruits & rendages étoient aussi sous la main de Justice, comme faisant en ce cas partie du fond ; & ainsi semblable prise par exécution profite à tout créancier comme un gage prétorien, ensorte que celui qui est premier en hypothéque, devant être préféré aux autres sur le fond, le doit être aussi sur les fruits.

(*) Voyez l'Arrêt CXII, de ce Recueil, tome I, pag. 432.

MAIS nonobſtant ce il fut jugé le contraire, ſans entrer dans la diſcuſſion, ſi en ce cas la priſe par exécution des fonds étoit un gage prétorien, qui profitoit à tous créanciers, à cauſe que la ſaiſie du fond étoit anéantie, parce qu'elle n'avoit pas été pourſuivie, ainſi par conséquent c'étoit une ſimple ſaiſie de rendages à écheoir, qui par leur échéance étoient mobiliſés avant la ſaiſie de l'hypothécaire, ils ne lui pouvoient donc pas être affectés comme meubles, n'ayant pas de ſuite par hypothéque; ainſi jugé en la deuxième Chambre, au rapport de M.ᵣ Mullet, *omnium votis, Præſide* Hattu, *Conſiliariis* Viſart, Hendrick, Mullet, de Flines, Couvreur & Dubois d'Hermaville.

ARRÊT XXXIII.

Si la banqueroute eſt réputée ouverte du jour de la fuite ou du jour de l'établiſſement de curateur ?

EN la cauſe d'honorable homme N. Hudſbaut, contre le curateur commis aux biens abandonnés par Ramack, le fait étoit que ledit Ramack s'étoit abſenté de la ville de Tournai dès le 4 Mai 1690; que ledit Hudſbaut avoit agi pendant ſon abſence au paiement de deux lettres de change, & pourſuivit le défaut, enſorte que le 12 Mai il obtint Sentence de condamnation, & le 13 il fit établir les gardes & ſaiſie; il prétendit faire vendre les meubles le 12 Juin ſuivant, voyant que Ramack ne revenoit pas : deux créanciers portèrent leurs plaintes à MM. les Mayeur & Echevins pour faire établir curateurs; les Echevins députèrent deux de leur Corps pour prendre information de la vérité dans la maiſon dudit Ramack; de ſuite leſdits députés ayant interrogé les enfans dudit Ramack, il leur fut répondu qu'il s'étoit abſenté dès le 4 Mai; que le 3 il avoit donné le dernier adieu à ſes enfans; qu'il s'étoit retiré comme un homme déſeſpéré, & avoit déclaré qu'il ne reviendroit plus, à cauſe qu'il avoit trop de dettes.

RAPPORT fait à la Chambre, on établi pour Curateur Belin ; Belin s'opposa à la vente que vouloit faire Hudsbaut, par un Sergent des Prévôt & Jurés ; ledit Hudsbaut au contraire prétendoit que la vente devoit être achevée ; sur quoi ayant eu procès en la Cour, il fut ordonné que la vente se feroit par le curateur, sans préjudice au droit des parties pour la préférence ; ainsi procès se meut entre ledit Hudsbaut & ledit Belin pour la préférence.

HUDSBAUT prétendoit être préféré aux autres, à cause qu'il avoit saisi avant l'établissement du curateur : ses moyens étoient que Ramack au temps de son absence ne s'étoit pas retiré dans le dessein de faire banqueroute, qu'il étoit accoutumé à faire des voyages de trois mois & plus, pour les affaires de son commerce de moutons ; que même depuis sa sortie il avoit donné procuration le 11 Mai au nommé Vinchent, pour lui transporter ses meubles ; que personne alors ne le réputoit banqueroutier ; qu'encore qu'il eut été banqueroutier, néanmoins il avoit pu prévenir par ses saisies les autres créanciers avant l'établissement de curateur ; qu'avant cet établissement il n'y a rien d'acquis aux créanciers ; que la vieille Coutume de Tournai le décide expressément ainsi dans l'art. 3, du tit. *des débiteurs fugitifs* : qu'il est vrai que cet article n'est pas inséré dans la nouvelle Coutume, mais que cela a été fait, parce que cet article est conforme au Droit Romain ; que par le décrétement le Juge est obligé de suivre ce Droit au défaut de la Coutume ; que par le Droit il se trouvoit expressément décidé qu'il faut *immissio in possessionem* avant d'empêcher les plus diligens ; que la Loi *ait prætor*, §. *sciendum*, ff. *in fraudem creditorum*, le décide en termes exprès ; que la Loi *pupillus*, du même titre, dit de même que celui qui a repris l'argent que le débiteur fugitif emportoit, le fait sien à proportion de sa dette, *si immissio non fuerit facta*, il concluoit à obtenir la préférence.

IL est certain qu'il avoit prouvé tous ces faits.

BELIN soutenoit au contraire qu'il n'y avoit aucune préférence à adjuger, parce que l'absence dudit Ramack étoit faîte *animo fallendi*, c'eſt-à-dire, qu'il s'étoit retiré pour ſes dettes ; que ſes deux filles l'avoient ainſi déclaré au procès-verbal des Echevins, qui avoit été ratifié par leurs dépoſitions en l'enquête ; que cela ſe préſumoit des contrats qu'il avoit faits deux jours auparavant, par leſquels il avoit aſſuré ſes plus proches parens par hypothéque ; qu'il y en avoit un en-tr'autres par lequel il vendoit à ſes belles-ſœurs le droit de viage qu'il avoit ſur ſes enfans ; qu'en effet ce contrat n'étoit qu'une feinte, puiſque le 12 Mai ſuivant ſes belles-ſœurs donnoient par don gratuit ce viage aux enfans, quoique le prix fût de dix-huit cens florins.

DE PLUS il paroiſſoit que ledit Hudſbaut avoit eu con-noiſſance de la faillite dudit Ramack, car la fille dépoſoit qu'il l'avoit prié d'aller trouver ſon père pour avoir une procuration pour vendre ſes meubles, ou pour le ſolliciter de revenir, & lui dire qu'il lui donneroit retraite dans ſa maiſon ; qu'effectivement la procuration étoit venue, mais point ledit Ramack ; que c'eſt pour cela qu'il s'eſt hâté d'agir & faire la délation de ſerment, qui avoit donné lieu à la Sentence : que cette Sentence étoit nulle, puiſque ſachant qu'il étoit diſparu pour ſes dettes, il ne pouvoit agir contre lui ſans établiſſement de curateur ; c'eſt pourquoi il ſoutenoit que ladite banqueroute devoit être réputée ouverte du jour de la fuite, conformément aux Placards de 1540 & 1531, quoique le dernier n'eut point été publié ; qu'il en avoit été jugé ainſi au Parlement de Tournai en pareil cas dans l'affaire de N. du Poncheau en 1679 ; que la vieille Coutume n'avoit plus lieu ; que ſi dans la nouvelle, cet article ayant été omis, c'eſt qu'elle avoit voulu le contraire ; & ainſi fut jugé le 4 Novembre 1692, au rapport de M.ʳ Cou-vreur, pour ledit Belin, en confirmant la Sentence des Mayeur & Echevins de Tournai, rendue avec la réſolution des Pré-vôt & Jurés, *aſſentientibus Domino præſide ; Conſiliariis* Morghem, Mondet, Bruneau, de Flines, Titubanté, Boulé, *& in favorem ſententiæ ſe reſolventibus ratione & vi conſuetu-dinis novæ.*

COMME la partie n'avoit pas donné folution à ce qu'on avoit dit que de droit il falloit immiffion dans les biens, ce qui équivaut à l'établiffement de curateur avant que rien foit acquis, plufieurs fe font déterminés par l'Ordonnance des Placards qui ne femblent pas parler du cas préfent, du moins celui de l'an 1540, car pour l'autre il n'a pas été publié, parce que ces Placards avoient par un commun ufage été entendus, même au cas des faillites & des banqueroutes qui n'étoient pas frauduleufes.

ARRÊT XXXIV.

Si un teftament paffé pardevant un Curé & un vice-Curé, eft valable? (a)

EN la caufe de N. Bouchart, contre N. auffi nommé Bouchart, au fujet du Pafteur d'Hierts, il fut queftion fi un teftament étoit valable pardevant un Curé & un vice-Curé, & fi un Curé pouvoit recevoir un teftament d'une perfonne qui n'eft pas fon Paroiffien, pourvu qu'il le reçut dans fa Paroiffe; mais ce point ne fut pas décidé, à caufe que tous les autres (moi excepté) ont foutenu que le teftament

(a) Le Parlement de Flandres a rendu un Arrêt contraire à celui-ci le 23 Novembre 1726, entre les Adminiftrateurs de l'Hôpital des Chartriers d'Armentières, Appellans de la Sentence rendue par les Officiers de la Gouvernance de Lille, le 30 Octobre 1723, & . . . . . & fa femme, Intimés, Appellans *à minimâ* de ladite Sentence, d'autre part, par lequel un teftament non figné du Teftateur, & figné feulement du Curé ou d'un Chanoine, a été déclaré valable en tant que les biens étoient difponibles par la Coutume du lieu de la maifon mortuaire, quoiqu'on n'ait pas allégué de Coutume, ftatut ou ufage particulier de la ville d'Harlebecque, domicile du Teftateur, & où ladite difpofition avoit été paffée, qui l'a déclaré bonne & valable.

ment ne pouvoit pas valoir, parce qu'il étoit dit par la Coutume de Caffel, que pour valoir, un teftament devoit être paffé pardevant un Notaire, Curé, ou vice-Curé & deux témoins (*a*). Qu'en fait de teftament on ne pouvoit exécuter les folemnités par *équipollence*; je foutenois néanmoins le contraire, & je me fondois fur ce que, quoique dans la Coutume de Tournai il ne fut pas dit qu'on pouvoit paffer un teftament pardevant deux Notaires, néanmoins on avoit jugé au Parlement de Tournai que femblable teftament valoit, par la raifon qu'on pouvoit fuppléer par *équipollence* plus grande aux folemnités du teftament; que le Confeil privé l'avoit ainfi déclaré, en interprétation de l'Edit perpétuel, ayant déclaré bon un teftament paffé pardevant deux Echevins; que fi deux Notaires ou deux Echevins fuffifent pour paffer un teftament, nonobftant la Coutume ou l'Edit perpétuel, il femble qu'il en eft de même à l'égard du Curé & vice-Curé, attendu qu'ils font alors fonction de perfonnes publiques, & qu'ils ne font pas moins réputés de probité que les Notaires; néanmoins il fut jugé le contraire au rapport de M.ʳ de Roubaix, *confentientibus præfide* Polinchove, *Confiliariis* Morghem, Mondet, Odemaer, Jacquerye, Couvreur, de Flines, *diffentiente.* . . . . . .

(*a*) L'Edit perpétuel, art. 12, contient une femblable difpofition pour les lieux dont les Coutumes ne contiennent aucune difpofition particulière, touchant les formalités requifes pour la validité des teftamens, comme la Coutume d'Harlebecque.

ARRÊT XXXV.

Si, quand la partie est éloignée de plus de dix lieues du Par-
lement, les délais d'ajournemens doivent être plus de
quinze jours, & si le temps de vacation doit être déduit
en matière de simple ajournement?

EN la cause de Matthieu Cocq, demeurant à Courtray, Impétrant de commission de commandement contre N. demeurant à Hasbrouck, on a douté s'il falloit décréter la contumace encourue par ledit N. . . Il y en a eu qui ont soutenu que les délais étoient valables, encore qu'ils ne fussent que de quinzaine, se fondant sur le style qui ne requiert que quinzaine pour les lieux les plus éloignés; les anciens Juges ont soutenu que cet article n'étoit pas en usage, & qu'il falloit des délais de trois semaines.

LA chose ayant été balancée, les deux autres Chambres furent aussi partagées, c'est pourquoi les trois furent assemblées, le 3 Avril 1693, & à la pluralité de voix, il fut résolu qu'on donneroit une nouvelle assignation à trois semaines, & qu'il seroit fait une Ordonnance pour l'avenir, que quand les Défendeurs seroient éloignés de plus de dix lieues, les délais seroient de trois semaines; & sur le même sujet il fut aussi résolu qu'on ne déduiroit pas les vacations en matière d'ajournement à comparoir aux plaids, quand il n'y a pas encore de contestation, & que la cause n'est pas encore liée de la part du Défendeur; ainsi conclu & résolu, le 3 Avril 1693, M.r Boulet Rapporteur.

ARRÊT XXXVI.

*Si péremption d'inftance a lieu au Parlement de Tournai,
quand ce font deux habitans du Hainaut, & s'il faut fuivre
les Chartres du Hainaut ou le ftyle du Parlement ?*

AU rapport de M.ʳ Bruneau, en la feconde Chambre,
dans une caufe venant par appel de quelque Village
du Hainaut, il y eut Arrêt qui ordonnoit à l'une des parties de produire quelque procuration & quelques autres titres ; elle fut fept ans fans fatisfaire à cet Arrêt, & au bout
de ce temps elle y fatisfit ; la partie foutint qu'elle venoit
trop tard : que par les Chartres du Hainaut, après quatre
ans, il y a péremption d'inftance ; qu'il falloit fuivre lefdites
Chartres, puifque c'étoit entre habitans du Hainaut, & que le
procès venoit de cette Province : l'autre au contraire foutenoit
que l'Arrêt ne lui avoit pas été fignifié, & par conféquent qu'il
n'y avoit aucun défaut de fatisfaction à l'Arrêt de la Cour :
à quoi on répondoit fur le premier point, qu'il n'avoit pas
fallu de fignification, puifque la partie avoit levée l'Arrêt
elle même, & c'eft pourquoi on ne s'arrêta pas à cette
queftion : fur le fecond point, on alléguoit la Jurifprudence de
la Cour, qui avoit toujours fuivi la Coutume du Hainaut &
les Chartres quand la caufe étoit entre des habitans de cette
Province, fur quoi il y eut une grande conteftation.

EN opinant M.ʳ Bruneau, Rapporteur, étoit affez dans
le doute, mais il fe déterminoit par l'ufage de la Cour qui
avoit toujours fuivi la pratique du Hainaut: M.ʳ Delevigne
fut pour les Chartres du Hainaut ; moi je fus d'avis qu'il
falloit fuivre le ftyle du Parlement, puifque c'étoit une péremption d'inftance, qu'on vouloit introduire contre un
Arrêt du Parlement : M.ʳ Couvreur fut de même avis, &
quoiqu'on ne fut pas partagé, puifqu'il y avoit quatre voix
contre deux, néanmoins afin d'avoir une décifion fûre, on

fut d'avis de confulter les autres Chambres : à la première on fut tous d'avis, excepté M. de la Verdure, qu'il falloit fuivre les Chartres du Hainaut ; à la Tournelle au contraire, excepté M. Vifart, on fut d'avis qu'il falloit fuivre le ftyle de la Cour : comme les opinions étoient partagées, quoique la pluralité alloit à fuivre les Chartres du Hainaut, on fut d'avis, fuivant la réquifition de la Tournelle, que la caufe fe décideroit les Chambres affemblées, ce qui fut fait le 8 Mai 1693 : pour les Chartres du Hainaut furent le Procureur-général du Roi, MM. de Morghem, Mondet, Vifart, Couvreur, Delevigne, Mullet, Jacquerye, Dubois d'Hermaville, & M. le premier Préfident : pour le ftyle de la Cour, furent MM. Cordouan, de Roubaix, Defnaux, Odemaer, de Flines, Pollet, Couvreur, de la Verdure, de Buiffy, Boulet : & ainfi il fut jugé qu'en matière de péremption d'inftance, il ne falloit pas fuivre les Chartres du Hainaut : mais comme en même-temps il fe préfenta une autre queftion, fur ce que par les Chartres la forclufion de répondre faifoit fin de caufe, & par le ftyle du Parlement, forclufion de répondre n'emportoit qu'admiffion à preuve tout au plus, favoir fi en ce cas il falloit fuivre les Chartres du Hainaut ou le ftyle du Parlement ? Il fut jugé que fuivant l'ufage on fuivroit les Chartres du Hainaut, cinq ou fix contredifant cet avis, d'autant plus que cet ufage n'étoit pas certain, puifqu'il y avoit deux Arrêts contraires, & qu'il eft certain *quod in Ordinariis* on fuit le ftyle où l'on plaide, & que ce cas n'étoit pas différent de l'autre, mais au contraire beaucoup plus ordinaire que la péremption d'inftance.

ARRÊT XXXVII.

Si dans la vente d'un bien comme impartageable, l'un des cohéri-
tiers acheteur est obligé de payer les droits pour sa part ? (*)

L'Avocat Josson & autres coparchonniers, ayant une
maison impartie entr'eux, la font vendre ensuite de la
Coutume de Tournai comme impartageable, & ont stipulé
que si quelqu'un des cohéritiers se rendoit adjudicataire,
qu'il ne seroit pas obligé de se déshériter. Par un Réglement des Consaux de Tournai, les Priseurs sermentés ont
droit d'un patar à la livre de gros à chaque vente nécessaire quand la vente s'effectue, demi droit quand il y a simple *entamement* : ensuite de cette Ordonnance lesdits Priseurs ont prétendu dudit Josson le droit d'un patar à la livre de gros : Josson au contraire a offert un patar à la livre
de gros pour la part de ses cohéritiers, & sept livres pour
la part qu'il avoit en ladite maison, fondé sur ce que la
vente n'avoit pas été effectuée pour sa part, puisqu'on ne
pouvoit être vendeur & acheteur ; qu'au surplus ayant été
conditionné qu'il ne seroit pas obligé de se déshériter, il a
été assez clairement par-là expliqué qu'on vendroit toute
la maison en cas qu'un étranger l'achette, mais que si un
héritier s'en rendoit acquéreur, on ne vendroit que la part
des autres : ainsi a été jugé au rapport de M. Boulet, le
8 Août 1693, *votis*, Mondet, Bruneau, Odemaer & de
Flines, *contradicentibus*, Delevigne, Couvreur, & *præside*
Errembault.

---

[*] Voyez l'Arrêt XC de ce volume, pag. 245, où cette cause est rapportée par M. de
Baralle, avec ses conclusions comme Procureur-général. Voyez aussi Desjaunaux, tom. I, Arrêt
XXXIV.

ARRÊT XXXVIII.

Si une amende qui est adjugée par Arrêt du Parlement en la Tournelle, appartient au Roi ou au Seigneur?

LE 12 Novembre 1693, au rapport de M. Bruneau, il s'est présenté entre le Bailli de Coutiches, nommé de Poucques, & le nommé François, Receveur & Administrateur des amendes dues au Roi, la question de savoir si dans un procès criminel, qui a été instruit pardevant les Juges des Seigneurs, & où condamnation s'est ensuivie à la charge de l'accusé, lequel en ayant appellé, la Cour a infirmé la Sentence, & condamné en une amende plus grosse, si cette amende appartenoit au Roi? Il fut jugé que non à la pluralité des voix, les Chambres consultées, y ayant eu trois opinions, l'une pour le Roi, l'autre pour donner au Seigneur l'amende adjugée par sa Justice, & le surplus au Roi, la troisième pour donner le tout au Seigneur; cette dernière a prévalu.

ARRÊT XXXIX.

Si on peut ftipuler intérêt pour le retardement du paiement de la dot d'un Religieux ? (*)

LE nommé Soel de Valenciennes, ayant un fils qui vouloit fe faire Carme, s'accommoda avec le Supérieur pour la dot à une certaine fomme, pour l'affurance de laquelle il y eut rapport d'héritages ; le fils étant profès, ledit Soel paya une partie de la dot, & n'ayant pas préfentement de l'argent pour payer les trois cens florins reftans, il fit accord avec les Carmes, qui lui donnèrent du temps, & fit un billet par lequel il promettoit de payer les intérêts de ladite fomme au denier vingt, jufqu'à ce qu'il l'eut remboursée, ou que lefdits Carmes euffent difcuté le rapport.

SOEL n'ayant pas payé, les Carmes agirent à fa charge pour être payés des intérêts au denier vingt ; Soel s'y eft oppofé, & a foutenu que les intérêts n'étoient pas dûs, puifqu'ils étoient ftipulés pour le retard du paiement ; que c'étoit un prêt virtuel, & comme s'il avoit prêté ladite fomme, & pour le retardement du paiement ftipulé intérêt.

AU contraire les Carmes foutenoient que l'intérêt eft dû naturellement du jour de l'entrée, à caufe que dès ce moment ils nourriffent le Religieux ; que de Droit les intérêts font dûs par celui qui doit la dot de fa femme, à caufe que le mari fupporte les charges du mariage : que s'ils font dûs naturellement, à plus forte raifon peut-on les ftipuler, & ainfi fut jugé de l'avis de MM. Desjaunaux, Rapporteur, Morghem, Hendrick, Bruneau, Odomaer, d'Hermaville ; de Flines *contradicente* ; il fondoit fon opinion fur ce qu'il eft certain que de Droit l'intérêt n'eft pas dû pour la dot

____

(*) Voyez Desjaunaux, tom. 1, Arrêt IV.

du jour de la ſtipulation de la dot, mais ſeulement à *die moræ*; qu'il eſt douteux parmi les Auteurs quand la demeure eſt cenſée encourue; la gloſſe & pluſieurs Auteurs ſoutiennent que c'eſt du jour que le mari nourrit ſa femme, mais que cette opinion étoit fauſſe, puiſque la Loi dernière, §. *pretereà, codice de jure dotium*, introduit comme un privilége de la dot qu'elle engendre intérêts après deux ans de ſtipulation; que cette conſtitution de Juſtinien n'étoit pas reçue en pratique, il étoit plus probable que les intérêts n'étoient dûs que du jour de la demande; que telle étoit l'opinion du Sénat de Chamberie, au rapport d'Antoine Faber, au titre *de jure dotium definit.* 42; qu'à ſuppoſer même que les intérêts ſeroient dûs du jour que le mari nourrit ſa femme, c'eſt une queſtion encore parmi les Auteurs ſi on peut ſtipuler les intérêts pour le retardement du paiement; que Gratian, *diſceptat. forens deciſ.* ſoutient la négative avec beaucoup d'autres; que quoique l'opinion contraire ſoit plus commune, néanmoins ce n'eſt que par une eſpèce d'équité qu'elle ſe ſoutient, à cauſe que le mari nourriſſant ſa femme & ſupportant les frais du mariage, il eſt juſte qu'il jouiſſe des revenus & intérêts de la dot, ſuivant la Loi *curabit praſes Provinciæ, cod. de actionib. empt.* que cette équité ne ſe rencontre pas dans la dot qu'on donnoit pour les Religieux; qu'effectivement le mari n'avoit pas d'autres avantages ſur la dot de ſa femme que de jouir du revenu, le capital devant retourner à la femme ou à ſes héritiers après la diſſolution du mariage, mais que pour la dot des Religieux le Cloître profitoit du capital, & c'étoit une ſomme perdue pour les pères & mères; qu'ainſi comme ils en pouvoient jouir, il n'y avoit pas d'équité d'introduire les intérêts du jour qu'on nourriſſoit les enfans profès, puiſqu'ils avoient une action pour ſe faire payer le capital, qui devoit leur demeurer, ainſi quand *ex poſt facto & voluntariè* ils ſtipuloient des intérêts pour le retardement du paiement, ils tomboient dans l'uſure, puiſque l'uſure n'eſt rien autre choſe qu'une ſtipulation d'intérêts, *ob retardatam ſolutionem*; il fut néanmoins jugé au contraire; *vide* Leſtardium.

ARRÊT

ARRÊT XL.

Si un héritage vendu entre cohéritiers est réputé acquêt à l'acheteur, pour être commun entre lui & sa femme, ou s'il est patrimonial à l'acheteur ?

AU procès d'Eloy Gambier, contre Henri Deudon, porté par appel à la Cour, il fut question de juger si un héritage acquis par Eloy Gambier, au partage qu'il faisoit au nom de sa femme avec ses cohéritiers, étoit patrimoine à sa femme : le cas étoit que divers héritiers, faisant partage, déclarèrent qu'il y avoit quatre masures, qui pour leur peu d'étendue ne pouvoient être commodément partagées, qu'à cet effet ils étoient résolus de les passer entr'eux au plus offrant en arrentement, & l'ayant fait ensuite, une certaine masure est tombée à Eloy Gambier & à sa femme pour le prix de trente florins par an, & les autres masures sont tombées à d'autres, aussi pour certains prix : suivant la Coutume de Cambrai de semblables rentes sont immeubles, & les partageans, au lieu du fond, partagent l'arrentement entr'eux ; la femme d'Eloy Gambier vient à mourir sans enfans ; ses héritiers agissent contre le mari pour être restitués de tous les biens patrimoniaux par elle portés en mariage ; le mari donne une déclaration, & comprend dans sa déclaration quelques parties de rentes dues à cause des arrentemens par ses cohéritiers, mais il omet la masure arrentée trente florins ; ils prétendent qu'il doit augmenter la déclaration de ladite masure ; Eloy Gambier s'y oppose par la raison que c'est une acquisition faite avec sa femme pour le prix de trente florins de rente qu'il a remboursée, & qu'ainsi il en doit avoir la moitié & jouir de la totalité conformément à la Coutume : les héritiers, tels que Henri Deudon & Marie de Kachenes soutiennent au contraire que c'est un patrimoine ; que ce qui se fait en partage n'est que

Tome II.   T t

pour faciliter le partage; que fuivant l'opinion de Dumoulin *licitatio inter cohæredes exempta eft à juribus dominicalibus :* la caufe ayant été par moi rapportée, je fus d'avis que la mafure étoit acquêt, à caufe qu'on avoit fubrogé les rentes aux mafures qui tenoient même nature; qu'autrement il y auroit eu deux patrimoines, c'eft-à-dire, la mafure & la part dans les rentes des cohéritiers; que cela feroit injufte, puifque la rente de trente florins qui avoit fervi de prix de ladite mafure, avoit été rembourfée des deniers communs : M. Hendrick fut du même fentiment, ainfi que MM. Dubois d'Hermaville & Desjaunaux, mais M. le Préfident Polinchove, MM. Morghem, Bruneau & Odemaer, ayant été d'avis contraire, il y eut partage qui fut porté en la deuxième Chambre, où il fut réfolu que la mafure étoit patrimoine, du fentiment de MM. Delevigne, Defnaux, de la Verdure, de Buiffy & Hennecart, *contradicente* Mullet; M. de Cordouan s'étant retiré, parce qu'il avoit une caufe femblable.

ARRÊT XLI.

Si une rente après dix ans est exécutoire, enforte qu'étant
assigné en reconnoissance de signature, on soit obligé de nantir
avant de pouvoir proposer ses défenses?

EN la cause de la nommée Grau, Demanderesse, contre Henri Thiery, au rapport de M. de Roubaix, il
fut jugé qu'après dix ans la reconnoissance de la signature
n'emporte pas nantissement, Thiery ayant allégué de bons
moyens, & ladite Grau n'ayant pas voulu contester
sur ces moyens, à cause que par le laps de dix ans on étoit
censé avoir été payé, ou avoir rencontré cette somme, &
ce nonobstant la Coutume de Tournai qui ne restreint à
aucun temps ; c'est le style de Malines, & ce qui se pratique à Gand ; tel étoit l'avis du Rapporteur Hendrick,
Desjaunaux, Président, & Obert, les autres quatre se voulant informer de l'usage du Parlement, à cause que le style
n'en dit rien ; & ainsi parce que la chose étoit de petite
conséquence, on est convenu de prononcer & d'ordonner
de contester au principal, sans préjudice à la provision, le
5 Mars. 1694.

Voyez M. Desjaunaux, tome I, Arrêt XXI.

ARRÊT LXII.

Si suivant la Loi créditores, cod. de pactis, la dette étant divisée à l'égard de l'un, est divisée à l'égard des autres coobligés ?

EN la première Chambre, au rapport de M. Hendrick, on agita la question reprise dans le texte de cet Arrêt, sur ce que le débiteur disoit que l'action avoit été divisée par N. Couchart, & qu'il devoit passer parmi l'offre qu'il avoit faite de payer sa part ; que le créancier ayant divisé son obligation à l'égard de l'un des coobligés, étoit obligé de souffrir la division à l'égard des autres. N. Couchart soutenoit que non, par l'autorité d'Alciat, & autres ; le débiteur au contraire, suivant l'opinion de Barthole, soutenoit une division entre les coobligés. MM. le Rapporteur Hendrick, le Chevalier de Morghem, Desjaunaux, tinrent la première opinion ; Mrs. Bruneau, de Flines & Pollet, la seconde, & M. le premier Président se détermina pour la Coutume de Bergues ou Cassel, qui à son avis décidoit la dispute entre Barthole & Alciat ; & cette opinion à présent me semble plus probable : ainsi jugé le 20 Décembre 1693.

ARRÊT LXIII.

Si le titre Sacerdotal est saisissable, du moins quant aux arrérages ?

EN la cause du Sieur Thieffries, contre la Demoiselle Landas, il fut préjugé que les arrérages d'un titre sont saisissables, mais non pour le courant ; Rapporteur, M. Desjaunaux. Voyez l'Arrêt suivant.

ARRÊT XLIV.

Si une personne ayant constitué une rente de cent florins par an, pour servir de titre à un Prêtre, & n'ayant pas payé l'espace de vingt-deux ans, est censée n'avoir constitué qu'un subside pour servir-d'assurance ?

LES Thieffries ayant donné quelques meubles à vendre à N. Herlain, Prêtre, Herlain vendit les meubles à Lille cent-vingt florins, & n'ayant pas voulu rendre cette somme, Thieffries le fit condamner par l'Official, & ensuite de ce l'exécuta dans ses meubles ; n'en ayant pas trouvé assez pour les frais de son exécution, il découvrit qu'en 1672 la D.^{lle} Landas, avec son frère, avoit donné une rente viagère de cent florins par an, pour seconder les bonnes intentions dudit Herlain, qui devoit se faire Prêtre ; ensuite de cette découverte il saisit entre les mains de la D.^{lle} Landas ce qu'elle pouvoit devoir audit Herlain à cause de cette rente ; Mlle Landas s'opposa pardevant les Prévôt & Jurés de Tournai, & dit que cette rente avoit été constituée pour servir de titre audit Herlain ; que les titres ne sont pas saisissables, & que de semblables titres ne se donnent que pour affurance envers l'Evêque, mais point pour engendrer obligation; fi ce n'eft en cas que le promu ne pût pas vivre; que ledit Herlain avoit vécu, & que pour preuve elle n'avoit payé aucuns cours depuis fa conftitution. Thieffries au contraire convenoit qu'elle n'avoit pas payé, mais il en inféroit que c'étoit pour cela qu'elle devoit le payer; que la rente étoit créée purement & fimplement, avec promeffe de payer tous les ans; qu'Herlain avoit juré que cette rente étoit effectivement due, & qu'il ne la vendroit & ne la remettroit pas; que même ayant été dit dans le titre « jufqu'à ce qu'il eut » obtenu quelque Bénéfice » l'Archevêque avoit fait ôter cette condition; qu'il vouloit bien convenir que les titres n'étoient pas faififfables, mais que pour les arrérages ils le pouvoient être, puifque fon argent l'avoit aidé à vivre; nonobftant ces raifons, Thieffries perdit fon procès, & il fut jugé le 20 Janvier 1694, que de femblables contrats ne regardent que les Evêques, & ne font que pour affurance, en cas que le poffeffeur par indigence tombât à leur charge; du fentiment de MM. Desjaunaux, Rapporteur, le premier Préfident Polinchove, & Obert, Préfident. MM. Morghem, Hendrick, Odemaer, d'Hermaville & moi étions d'un fentiment contraire.

Voyez M. Desjaunaux, tom. I, Arrêt 14.

ARRÊT XLV.

Si l'article 19 de l'Edit perpétuel a lieu pour les dépôts?

AU rapport de Mr. Hendrick, en la seconde Chambre, il fut jugé le 25 Février 1694, entre un certain Vitré, charretier des Tanneurs de Valenciennes, & N. Doutreman, Hôte du cabaret des *bons vieux amis*, de la même Ville, que l'art. 19 a lieu en dépôt volontaire; quoique Doutreman fut hôte, que les dépôts faits en hôtelleries soient exceptés de l'Ordonnance de Moulins (Code civil), art. 4, tit. *des preuves littérales & testimoniales*; néanmoins il fut jugé que le dépôt en question n'avoit pas été fait comme à un hôte, mais *tanquàm amico*, car ce Vitré étoit en pension chez cet hôte, son dépôt n'étoit pas seulement resté pour un voyage, & quoique ce charretier demeurât à Valenciennes, quoiqu'il s'y fut marié après le dépôt fait, & qu'il y eut maison & famille, il n'avoit pas redemandé son dépôt, pendant plus de neuf ans; de cet avis furent MM. Hendrick, de Flines, Dubois d'Hermaville, Boulet, Desjaunaux; M. le Président Obert, MM. de Roubaix & Odemaer étant dans la première Chambre pour un partage; *vide* Chénu, *quæst.* 10; Charond. *memor. observati in verbo* dépôt.

Voyez M. Desjaunaux, tome I, Arrêt 20.

ARRÊT XLVI.

S'il faut signification à partie, ou à domicile, quand en con-
séquence de l'Arrêt rendu, on a agi ou poursuivi la Re-
quête civile en rétractation pour exclure les Défendeurs de
Requête civile ?

AU rapport de M. Cordouan, s'étant rendu le . . . Décembre 1691, un Arrêt, par lequel on avoit jugé certaine cause périe & déferte, qui avoit été intentée par les
Doyen & Chapitre de la Cathédrale de St. Omer, contre
François Outers, Nicolas-Guillaume Houcq & Confors : cet
Arrêt avoit été fignifié au Procureur du Chapitre de St. Omer
le 14 Décembre de la même année, & le 28 Juin 1692
il a obtenu lettres de Requête civile en rétractation
d'Arrêt : jour ayant été affigné au Parquet pour convenir
des faits, il y eut diverfes conteftations jufqu'au 8 Août
1693 ; alors le Chapitre de St. Omer ayant remarqué que
fes lettres contenoient une nullité, parce qu'il n'avoit
pas fait inférer le nom des Avocats qu'il avoit confultés,
il fe déporte de fes lettres, & le 12 fuivant il obtint de
nouvelles lettres, fur lefquelles ayant demandé jour, les
parties ayant comparues au Parquet, il y eut un incident
fur ce que lefdits Outers & de Houcq ont foutenu qu'il
ne s'agiffoit plus de rétractation d'Arrêt, qu'il y avoit fin
de non-recevoir, puifque le Chapitre de St. Omer venoit
après l'an ; le Chapitre au contraire foutenoit qu'il venoit
à temps, puifque l'Arrêt ne lui avoit point été fignifié
comme il étoit requis par l'Ordonnance ; François Outers de
fon côté foutenoit qu'il fuffifoit de l'avoir fignifié dans l'enclos
du Palais au Procureur ; que d'ailleurs ayant impétré le
28 Juin des lettres de rétractation d'Arrêt, du moins
depuis ce temps l'année devoit courir, puifqu'il ne falloit
depuis-lors faire aucune fignification, qu'ils prévenoient le
temps ;

temps, que se servant du remède il n'y avoit plus de défaut à donner. La cause rapportée en la deuxième Chambre, les voix penchoient pour la fin de non-recevoir, d'autant plus qu'il y avoit une espèce de préjugé contre l'Abbé d'Anchin, mais les Chambres ayant été consultées, il n'y a eu que MM. Pollet à la première, Cordouan & de Buissy à la deuxième pour la fin de non-recevoir, ensorte qu'il fut jugé qu'il n'y avoit pas de fin de non-recevoir, quoique les Religieux d'Anchin perdirent par la fin de non-recevoir.

ARRÊT XLVII.

Si pour être restitué en entier contre une immixtion à la succession de ses père & mère, il faut appeller tous les créanciers ?

LE 24 Mars 1694, au rapport de M. Desjaunaux, le Sr. Charles-Claude-Hubert de la Motte, Ecuyer Sr. d'Inqueghem, ayant obtenu des lettres de restitution en entier, pour être relevé de ce qu'il avoit appréhendé la succession de sa mère, & avoit seulement fait assigner la D.lle Baes, veuve de Martin Penteville ; celle-ci s'est opposée à l'entérinement desdites lettres, & a soutenue entr'autres choses qu'il devoit faire signifier & évoquer tous les créanciers, & ne point agir contre elle seule : le Sr. de la Motte au contraire a soutenu qu'il étoit libre de prendre à partie telle personne qu'il vouloit, que quand il seroit relevé contre elle, ses autres créanciers pourroient se conformer ou contredire, & qu'il pourroit alors soutenir tel procès qu'il trouveroit convenable ; que comme il pourroit payer l'un & se faire relever contre l'autre, il pouvoit agir en restitution contre l'une & laisser les autres en arrière, tel étoit le sentiment du Rapporteur, du Président Obert, des Srs. Hendrick & Dubois d'Hermaville ; les Srs. de Roubaix, Odemaer, de Flines & Boulet étoient d'avis contraire, enforte que la Chambre étant partagée, le procès fut porté en la première, où tout d'une voix il fut jugé qu'il falloit citer tous les créanciers; voyez *per textum in novell. 119, cap. 6*; Brunemanus *in authent. si omnis, cod. si minor ab hæreditate se*, &c. Il faut remarquer que la restitution en entier étoit introductive de l'instance, & n'étoit pas incidente, & effectivement on ne décida que parce que la cause n'étoit pas incidente, ainsi jugé le 24 Mars 1694.

Voyez M. Desjaunaux, tome I, Arrêt 25.

ARRÊT XLVIII.

Si un testament peut subsister quand les témoins disent avoir signé en l'absence des Notaires, sans avoir comparu pardevant eux?

ANNE HERRENG, âgée de soixante-dix ans, commit le nommé Trigaut pour écrire son testament en l'an 1681; ce testament ainsi écrit & mis en main de ladite Anne Herreng, elle se rendit chez la veuve du Sr. Delannoy, où elle trouva François Mathelin & Jean-Joseph Barbet, à qui elle fit signer son testament; ce fait, elle mena les deux témoins chez Jean Bacquet, Auditeur Royal à Douay pour passer son testament; il demanda aux témoins s'ils en avoient eu lecture, lesquels ayant répondu que non, ledit Bacquet ne voulut pas passer ledit testament: il a paru au procès que ce Bacquet est mort le 17 Avril 1681, néanmoins ledit testament se trouve produit au procès, signé de George Evrard & Jean de Lernielle, Auditeurs à Douay; on y lit à la fin, » ainsi fait, testé & passé pardevant Jean de Lernielle & » George Evrard, Auditeurs Royaux à Douay, en présence » de Jean-Joseph Barbet & François Mathelin, témoins, » lesquels interpellés s'ils savent lire & écrire, ont répondu

» qu'oui, la Teſtatrice ayant fait ſa marque, n'ayant pu
» ſigner, à cauſe qu'elle eſt incommodée de la vue.» Ce
teſtament ainſi produit dans la cauſe de Jacques le Macquet,
& Pierre Herreng, qui avoient obtenu miſe de fait pour
être mis en poſſeſſion des biens, comme héritiers *ab inteſtat,*
ce teſtament, dis-je, ainſi produit par ledit Tregaut,
qui étoit exécuteur teſtamentaire, dénommé pour exécuter les Fondations y ordonnées au préjudice des parens
ab inteſtat, qui étoient extrêmement pauvres, ces derniers
ſe ſont inſcrits en faux contre ledit teſtament, & les
moyens de faux étoient que ladite clauſe du teſtament, *ainſi
fait, paſſé & teſté,* étoit fauſſe, à cauſe qu'il n'étoit pas
vrai que le teſtament eut été paſſé *unico contextu,* que les
témoins avoient ſignés en l'abſence des Auditeurs, & les
Auditeurs en l'abſence des témoins; que les témoins n'avoient
jamais comparus pardevant les Auditeurs; qu'ils ne ſavoient
pas quand la Teſtatrice avoit ſigné, n'ayant pas fait ſa marque en préſence des Auditeurs: le Sr. Trigaut ayant déclaré qu'il, vouloit ſe ſervir de la piéce, il y eut information tenue en conſéquence, comme en matière de faux; les
témoins teſtamentaires, ſavoir Barbet & Mathelin, tous deux
Prêtres, dépoſèrent qu'ils avoient ſigné le teſtament chez
la D.ᴵᴵᵉ de Lannoy en l'abſence des Auditeurs, que de-là
ils furent menés chez Bacquet, &c. que jamais ils n'avoient
paru pardevant de Lernielle & Evrard: la D.ᴵᴵᵉ de Lannoy
dépoſa qu'elle étoit préſente quand Barbet & Mathelin ſi-
gnèrent ce teſtament en ſon logis, & qu'il n'y avoit aucuns Auditeurs; ſur quoi il y eut, ſur les concluſions du Procureur du Roi, ajournement perſonnel décrété contre leſdits de Lernielle & Evrard, leſquels étant interrogés avouè-
rent que le teſtament étoit ſigné quand on le leur appor-
ta, mais que les témoins avoient comparu & déclaré que
c'étoit leur ſignature; ce qu'ils ſoutinrent dans la confrontation, mais comme ils ne connoiſſoient pas les témoins,
ledit Evrard dit que ſi ce n'avoit pas été eux, il falloit qu'on
leur en eut ſubſtitué d'autres qui avoient pris leurs noms:
il étoit queſtion de ſavoir, ſi dans ces circonſtances on devoit

juger en faveur du teſtament, ou en faveur des héritiers *ab inteſtat*; on ſoutenoit que le témoignage des Auditeurs devoit prévaloir ſur la dépoſition des témoins, qu'étant deux contre deux il falloit juger en faveur de l'acte, que la cauſe étoit favorable, qu'il ne falloit que deux témoins pour teſter en faveur de la cauſe pie, & que par conſéquent deux Auditeurs ſuffiſoient pour ſoutenir ledit teſtament; on répliquoit qu'il falloit faire différence entre les témoins inſtrumentaires & les étrangers, que les témoins inſtrumentaires étoient néceſſaires à l'acte, que dépoſant qu'ils n'avoient pas comparu pardevant les Auditeurs, la ſolemnité manquoit ou plutôt la preuve; que les teſtamens ont beſoin de reconnoiſſance, que de ſemblables teſtamens ne peuvent être reconnus ſuivant la forme, puiſque les témoins y contrediſent; que les dépoſitions des Notaires étoient ſuſpectes, qu'ils étoient accuſés, & qu'il y avoit ajournement perſonnel à leur charge, qu'il y alloit de leur honneur & peut-être de leur vie, que ne connoiſſant pas les témoins ils ne pouvoient pas ſoutenir qu'ils avoient intervenus, qu'il y avoit beaucoup d'irrégularité dans leur procédé; car premièrement le teſtament étoit fait dans trois cahiers ſans les avoir côtés ni paraphés, qu'ils avoient dit *ainſi fait, teſté & paſſé*, ſans néanmoins avoir eu lecture du teſtament, & ſans en faire mention; qu'il paroiſſoit même par leur aveu que la marque de la Teſtatrice n'avoit pas été faite en leur préſence, puiſque le nom D'ANNE HERRENG poſé ſur la marque, n'étoit pas de l'écriture des Auditeurs ni des témoins, qui ſeuls, ſuivant l'aveu deſdits Auditeurs, étoient intervenus à la paſſation du teſtament; que la cauſe pie ne pouvoit être ici conſidérée, puiſqu'étant pauvres eux-mêmes & héritiers *ab inteſtat*, ils devoient être plus privilégiés; que d'ailleurs les teſtamens en faveur de la cauſe pie devoient avoir leurs ſolemnités, ſuivant le preſcrit de l'Edit perpétuel : pour ces raiſons il fut jugé en faveur des héritiers *ab inteſtat*, ſuivant l'opinion du Préſident Obert, & des Conſeillers Odemaer, de Flines Rapporteur, Couvreur, Desjaunaux, *ſolo diſſentiente* de

Roubaix, le 26 de Juin 1694 ; voyez Farinac, *de falsitate,* *quæst.* 156, Boer.

Voyez M. Desjaunaux, tom. I, Arrêt 29.

ARRÊT XLIX.

Si la transmission d'hérédité a lieu ?

N. Avoit institué son fils héritier universel, à charge & condition qu'il ne pourroit vendre, charger, ni aliéner aucuns biens, tant provenans de lui que de sa femme, mais devroient retourner à N. Sterlin ; & en cas qu'il contrevint à ladite disposition, il le privoit de sa succession, & le réduisoit à sa légitime : le père meurt, & quarante jours après sa mort le fils meurt pareillement sans avoir fait aucun acte d'héritier ; celui-ci appellé au fidéicommis veut avoir toute sa succession ; l'héritier *ab intestat* au contraire soutenoit qu'il pouvoit opter au lieu de l'héritier, la légitime, & les biens de la mère, *jure transmissionis* ; que ce droit d'opter la légitime n'étoit pas fidéicommissé, qu'il avoit passé à l'héritier *ab intestat* ; ainsi jugé en la première Chambre, après qu'il y eut eu partage, & avoir été départi en la seconde ; je ne fus pas présent à cet Arrêt rendu sur la fin de Juin 1694.

ARRÊT L.

Si les prélegs font fidéicommiffés ?

N. Clément, veuve de Jean Lefevre, faifant fon teftament, donne & légue aux enfans d'un nommé Minet, fon beau-fils, deux cens livres de gros, & après donne aux enfans de Jean Lefevre, auffi fon beau-fils, beaucoup d'argent, & en particulier à chacun quelque fomme, favoir, à Thomas, qui étoit marié, deux cens livres de gros qu'elle charge de fidéicommis en cas de non enfans, puis elle donne à Jean Lefevre auffi deux cens livres de gros, aux autres également deux cens livres de gros ; enfin elle mit cette claufe « leur ordonnant (favoir aux
» exécuteurs teftamentaires) d'employer les deniers ci-deffus
» légués auxdits Jean-François & Adrienne Barbet, & d'en
» recevoir les cours, pour être employés au profit defdits
» enfans, jufqu'à ce qu'ils euffent pris état honorable de
» mariage, comme les rendages des maifons & héritages,
» déclarant néanmoins mon intention être que fi-tôt qu'ils
» feront mariés, les fommes ci-deffus léguées leur foient
» délivrées par mes exécuteurs, avec les fruits & revenus
» des fommes qui auront été mifes à profit ; voulant &
» ordonnant que fi aucuns de mefdits enfans délaiffés par
» ladite Adrienne ma fille, venoient à mourir fans délaiffer
» enfans au jour de leurs trépas, la part de ce qu'ils au-
» roient hérité de mon hoirie & fucceffion, retournera à
» leurs frères & fœurs, tant au régard des cours des argens
» qui auront été mis à profit par mefdits exécuteurs, que
» des rendages de maifons & héritages perçus jufqu'au jour
» de leur mariage, & ce depuis le premier jufqu'au dernier,
» à l'exclufion de leur père. »

Il faut remarquer qu'après les legs faits à chacun, il eft

dit après lesdites trois claufes « quant au furplus de mes
» biens, je les donne aux enfans de ladite Minet & de ma
» fille Adrienne. »

APRÈS ce teftament, Jean-François Lefevre prétendit
contre Bracque, & depuis contre Jean Lefevre fon père,
d'avoir la délivrance du legs exempt de fidéicommis, comme
étant marié; la délivrance du legs ne fut pas difputée, mais
on foutint qu'il devoit être déclaré fidéicommiffé, & ainfi
on difputa fortement s'il y avoit un fidéicommis dans le
teftament, & s'il contenoit le prélegs.

POUR la première queftion on convint affez, excepté
M.ᵣ le premier Préfident Polinchove, qu'il y avoit un fidéicommis dans le teftament, c'eft-à-dire, que le fidéicommis étoit ordonné, non pas feulement pour les cours &
l'argent employé, mais auffi que la part qu'ils devoient hé-
riter étoit auffi fidéicommiffée, ce qu'il falloit entendre, tant
à l'égard des cours que du principal, en fuppléant la par-
ticule ampliative; mais pour favoir fi le prélegs étoit compris fous cette règle, il y eut des conteftations.

M.ᵣ BOULET, Rapporteur, foutenoit que non, à caufe que
par l'Edit perpétuel de 1611, il faut que les fidéicommis
foient difpofés en termes clairs & certains, qu'on ne pouvoit dire ici qu'il étoit clairement difpofé; M.ᵣ de Morghem fut de cet avis & M.ᵣ Hendrick de même, *quia non fit
extenfio de cafu ad cafum*; M.ᵣ Délaverdure croyoit auffi
qu'en termes de Droit le prélegs étoit compris, mais à caufe
de l'Edit perpétuel on ne pouvoit pas fuivre ce fentiment.

M.ᵣ le Préfident étoit d'avis que les cours & rendages
qui devoient être employés étoient feulement fidéicommiffés,
& point la part héréditaire, ni le prélegs, fuivant l'opinion des Auteurs; que c'étoit une affaire de la volonté du
Teftateur & conjecturale; qu'il paroiffoit clair par l'intention de la Teftatrice, qu'elle avoit par fon teftament ordonné un fidéicommis; qu'il ne s'agiffoit que de favoir ce

qui étoit compris dans ce fidéicommis ; qu'il auroit été abſurde
de dire qu'elle n'auroit fidéicommiſſé que les cours & revenus des biens immeubles, puiſqu'elle dit que la part qu'ils
auront hérité dans ſa ſucceſſion retournera à leurs frères &
ſœurs ; que ſi elle avoit ajouté tant à l'égard des cours
que des rendages, c'eſt qu'elle a voulu amplier ſa diſpoſition, étant inconcevable qu'elle eut voulu faire un fidéicommis d'une bagatelle, & laiſſé en arrière le principal ;
qu'il falloit ſuppléer le mot & ; afin d'éviter abſurdité ; qu'il
paroiſſoit aſſez qu'elle avoit compris ſous ces termes *la part
qu'ils hériteront de moi*, le prélegs, qui devoit être employé juſqu'au mariage ; que ce legs étoit extrêmement conſidérable, & emportoit une groſſe partie des biens ; que
ſuivant nos mœurs il n'y a preſque pas de différence entre
les légataires & les héritiers, que c'étoit ici les mêmes perſonnes ; qu'il paroiſſoit aſſez que la Teſtatrice n'avoit ſé-
paré les legs des autres biens, que parce qu'elle vouloit bénéficier l'un plus que l'autre ; qu'il falloit d'autant
plus préſumer que Pierre Lefevre, à qui ſemblable legs
avoit été fait, étoit chargé de fidéicommis, (la Teſtatrice ne
l'ayant pas joint aux autres dans ſa diſpoſition) que parce
qu'étant marié il ne devoit employer ſon legs.

Ainsi jugé après beaucoup de conteſtations, du ſentiment
de MM. de Roubaix, de Flines, Jacquerye, Hannecart,
Boulet, Rapporteur, s'étant rendu à cette opinion par l'autorité de Stockmans, déciſ. 35.

Voyez ſur cette matière, Menoch, *de præſumpt. lib.* 4,
præſumpt. 194.

ARRÊT

ARRÊT LI.

Si le mémoire produit en révision doit entrer en taxe?

EN la taxe de la révision de la Dame Fama & consors, contre la Dame Duhameau, il a été résolu en la première Chambre, après avoir consulté les deux autres le 22 Novembre 1694, qu'un Mémoire produit en révision ne devoit pas entrer en taxe, & cela conformément à ce qui avoit été résolu à la taxe de la révision de Vansaffen, & il fut résolu qu'on le mettroit dans le regiftre secret, quoique je crois qu'on ne l'y a point mis.

ARRÊT LII.

Si les Commiffaires au rôle doivent affifter au jugement de l'appel quand on ne juge pas fur les plaidoyers?

LE même jour 22 Novembre 1694, il a été auffi réfolu, après avoir confulté les autres Chambres, que quand il y aura appel des Sentences rendues par les Commiffaires au rôle, ils affifteront à la lecture, fi la Cour ne juge pas fur les plaidoyers, & il fut auffi réfolu qu'on l'infcriroit dans le regiftre pour fervir de règle, quoique je crois qu'on n'en a rien fait.

ARRÊT LIII.

Comment fe doivent diftribuer les procès criminels & les lettres de rémiffion à la Tournelle ?

LE 26 Novembre 1694, Mr. le Préfident Obert, ayant repréfenté à l'affemblée de toutes les Chambres qu'il s'étoit mû quelques difficultés au fujet de la diftribution des lettres de rémiffion, s'il falloit commencer par les plus jeunes, ou par les plus anciens ; la Compagnie eft tombée d'accord que l'ufage du Parlement eft que les procès criminels fe diftribuent par l'ordre du tableau, en commençant par les plus jeunes, & les lettres de rémiffion par les plus anciens.

ARRÊT LIV.

Si faute de nantir l'amende, on eft déchu de l'appellation en pleine Cour ?

AU procès des habitans de Bavay, Appellans du jugement rendu par les Commiffaires à l'audience du mois d'Octobre 1694, contre N. Trico, Prévôt dudit Bavay ; il a été jugé le 2 Décembre 1694, que le défaut de nantiffement n'emportoit pas une défertion d'appel, ayant été décidé précédemment que l'article 22 du titre des Appellations du Parlement, ou n'étoit pas en ufage, ou ne comprenoit pas ce cas-là.

ARRÊT LV.

Si les déboursés & salaires des Procureurs sont privilégiés ?

DE la seconde Chambre les Srs. Visart & Delevigne, vinrent le 17 Décembre 1694, consulter, si le Procureur devoit être préféré sur la taxe des dépens à un saisissant, tant pour les déboursés que pour salaires, & après avoir consulté les trois Chambres, il fut dit qu'oui, & que ce seroit une maxime du Palais.

SUR cette matière voyez Mr. Desjaunaux, Tome I. Arrêt 46.

ARRÊT LVI.

Si la légitime est préférée aux legs pieux ?

AU procès du Sr. Tranche contre les Srs. de Broyde & de Perenchies, il fut jugé que la légitime devoit se prendre avant les legs pieux, suivant l'opinion de Merlinus, *de legitimâ, lib.* 2. & de l'avis de Mrs. de Polinchove, Mullet, Desnaux, de Flines, Boulet & Crupilly, *dissentientibus* Morghem & Cordouan, le 21 Mai 1695.

ARRÊT LVII.

Si celui qui prétend sa légitime est obligé de prendre à compte de sa légitime ce que le Testateur lui a donné, & s'il peut répudier tout ce qui lui a été donné pour avoir sa légitime sur d'autres biens ?

LE 21 Mai 1695, dans la cause rapportée ci-dessus, il fut jugé que le Sr. de Tranche n'étoit pas obligé de prendre à compte de sa légitime, ce que sa mère lui avoit donné par testament, mais qu'il pouvoit tout répudier pour prendre sa légitime sur des autres biens tels qu'il seroit arbitré ; de l'avis de Mrs. Cordouan, Rapporteur, Morghem, Mullet, Desnaux & Crupilly, *dissentientibus* de Flines, de Buissy & Boulet.

ARRÊT LVIII.

Si la clause de représentation ordonnée par contrat de mariage est irrévocable ?

EN la cause de Julien Lemesre & consors, impétrans de révision contre George le Sr. d'Ecosse d'Hellin, Défendeur, en action de Marie-Catherine d'Estrées sa femme, cette question fut agitée : le cas étoit tel.

JULIEN D'ESTRÉES & sa femme, Antoine Dujardin & sa femme, marians Henri d'Estrées & Marie-Catherine Dujardin leur fils & fille, après les clauses des ports & retours, ajoutèrent qu'en faveur de leur mariage, les femmes autorisées de leurs maris » ont voulu & ordonné que tous » les enfans qui procéderont dudit mariage, viennent à ré-

› préfenter les chefs & têtes de leur père & mère terminés, en
› leur hoirie & fucceffion, pour par eux, tant mâles que
› femelles, partager également avec leurs oncles & tantes
› comme fi leurs père & mère fuffent vivans, nonobftant
› Coutumes contraires; à quoi ils ont dérogé & dérogent ›
Et après il eft dit › Tout ce que deffus ont promis d'entre-
› tenir, accomplir, fournir & payer fous l'obligation, &c.

HENRI eft venu à mourir avant Julien d'Eftrées, laif-
fant de fa femme deux fils, & une fille qui a époufé George
d'Ecoffe; les deux fils d'Henri étant venus à mourir trois
ou quatre ans après leur père, Julien d'Eftrées & Marie Morelle fa femme, qui ne voyoit plus qu'une fille de leur fils
Henri, changèrent d'opinion, & ayant confulté quelques
Cafuiftes firent leur teftament, par lequel ils inftituèrent héritiers univerfels Marguerite d'Eftrées, mariée à Jacques Le-
mefre, & fe contentèrent de donner à Marie d'Eftrées leur
petite fille, deux Maifons chargées d'une infinité de claufes de fidéicommis, qui faifoient voir que ladite Marie-Catherine n'avoit tout au plus que l'ufufruit; & encore ne de-
voit-elle entrer en jouiffance defdites deux Maifons qu'a-
près que fa mère auroit payé le prix de la Maifon qu'avoit
achetée ledit Henri d'Eftrées, ce qui avoit caufé fa mort par
les funeftes reproches que lui avoient faits fa femme & fa
belle-mère; ladite Marie-Catherine n'avoit alors que fept ans.

LEDIT Julien d'Eftrées & fa femme étant morts, Marguerite d'Eftrées s'empara de tous les biens, & le Sr. d'Ecoffe
d'Hellin qui avoit époufé Marie-Catherine d'Eftrées, petite
fille des Teftateurs, préfenta requête aux Echevins de Lille,
à effet d'avoir part égale dans la fucceffion, fuivant le contrat de mariage de fes père & mère: la chofe agitée de part &
d'autre, par Sentence des Échevins de Lille, le Sr. d'Ecoffe
d'Hellin fut renvoyé de fes fins & conclufions; appel à la
Cour, par Arrêt du 26 Juillet 1691 la difpofition defdits Julien
d'Eftrées & de Marie Morelle avoit été déclarée nulle & de nulle
valeur, & ordonné que tous les biens des Teftateurs feroient
partagés également entre lefdites Marie-Catherine & Mar-

guerite d'Eftrées : ce qui fut confirmé, par Arrêt de révifion du 15 Juillet 1695, par lequel lefdits impétrans furent déboutés de l'effet de leurs Lettres.

ARRÊT LIX.

Si une mife de fait exploitée fur Fermage eft bonne dans l[a] Châtellenie de Lille, fans fignification au préalable, au Bailli ou à fon Lieutenant ?

AU procès des Srs. Dufay & d'Ogimont, Appellans de la Sentence de la Gouvernance de Lille, rendue le 26 Mai 1695, contre le Sr. Jacques-François le Machon, dit Delefchau, Ecuyer, Sr. de Marville, il fut queftion, fi la mife de fait qu'il avoit fait exploiter fur les rendages dus par un certain Dumortier, occupeur d'un Fief nommé le Fief Dumortier, fitué à Wambrechies, pour avoir hypothéque & affurance d'une rente, étoit valable fans avoir fait fignifier ladite mife de fait au Seigneur ou fon Bailli de Wambrechies ; les Oppofans foutenoient que non, par l'article premier du titre des mifes de fait de la Coutume de la Châtellenie de Lille ; il fut néanmoins jugé le contraire, fondé fur ce que le Seigneur n'a pas intérêt d'être fignifié pour des meubles ; que l'article de la Coutume dit, *d'où les biens font giffans & tenus*, que les meubles ne font tenus de perfonnes, & n'ont pas de fituation : que les Juges de la Gouvernance de Lille l'avoient ainfi jugé, qu'ils devoient favoir leur ufage ; qu'on pofoit en fait que les fix plus anciens Sergens en avoient donné leur atteftation ; ainfi jugé à mon rapport le 17 Janvier 1696, *confentientibus* Mrs. Dubois d'Hermaville, de Roubaix, Delevigne, Jacquerye, Delaverdure & Crupilly.

OBSERVEZ que le 23 Octobre 1689, au rapport de Mr. Delevigne, il fut jugé le contraire en matière de mife de fait fur avêtures, quoique la faifie eut été fignifiée au Seigneur dominant à défaut du Seigneur direct, que le Sergent n'avoit pu connoître quoiqu'il s'en fut informé: les Juges qui affiftèrent à ce Jugement furent le Préfident Desjaunaux, de Rougis, de Roubaix, Delevigne, Couvreur, Delaplace, de Maffles, Beccüau & Hattu; au procès de Marie Verdière, veuve du Sr. Hefpel, Sr. de Flenques, contre Claire de l'Epaul, veuve de Martin Caftel.

SUR cette matière voyez Mr. Desjaunaux, tom. 2, Arrêt 274.

ARRÊT LX.

Si la modération échet à celui qui a acheté les fruits de la terre ?

LE 10 Février 1696, il fut jugé qu'un acheteur des fruits de la terre, ne pouvoit prétendre modération; le fait étoit tel.

LE 5 Août 1693, la Baronne de Bouvignies, avoit vendu à Wallerand Binaut & Arnould Deffart, la première coupe des Prés, de Frênelles, fitués à Bouvignies, pour la fomme de neuf cens florins, payables au 8 Septembre fuivant, fans pouvoir prétendre aucune modération pour quelle caufe que ce fut; ledit Walerand Binaut & Deffart, n'ayant pas payé, elle impétra commiffion de faifie pour faire arrêter les foins qui étoient en tas, & lefdits Binaut & Deffart, s'étant laiffés contumacer, l'arrêt fut décrété.

IL y eut appel à la Gouvernance de Donay, & la Sentence ayant été confirmée, appel fut interjeté à la Cour: dans la caufe d'appel les Appellans obtinrent des Lettres de Requête civile pour alléguer des faits nouveaux aux fins de prétendre modération: les faits étoient pertinens, enforte qu'il falloit admettre à vérifier, fi de Droit ils auroient dû prétendre modération, & il fut décidé que non, *per. L. fiftu-la, §. ult. ff. de contrah. empt. a contrario fenfu*, par le fentiment de Bartolle, *in L. cotem. de publican.* Menochius, *lib. 3, præfumptione 104*; Guid. Pape, *decif.* 3; Defpeiffes, *tom. 1, titre de l'Achat, fection 4, nomb.* 7, & principalement de Faber *ad tit. de locat. definit. 36*, où il fait la diftinction *inter venditionem fructûs nafcituri & venditionem perceptionis fructuum & dicit quod in fecundo cafu fit venditio*; ainfi jugé de l'avis de MM. Polinchoye, Dubois d'Hermaville, Morghem, de Roubaix, Delevigne, Jacquerye, Delaverdure, Crupilly, malgré les décifions de Ferrieres, fur Guid. Pape, *quæft.* 3; Sickardus *ad L. 8, cod. de locat,* Wefel, *de remiffione mercedis cap.*

SUR cette matiere voyez la pag. 271 de ce Volume.

ARRÊT

ARRÊT LXI.

Si une femme peut s'obliger pour autrui en renonçant au Senatus-Confulte Velleian fous écriture privée ?

AU rapport de Mr. de Foreft, le 18 Juillet 1698, au procès entre la veuve Betica & fa fœur, Appellantes des Echevins de Lille contre la veuve Talman, Intimée, il fut jugé qu'une femme pouvoit s'obliger par écriture privée nonobftant la Loi *antiqua*, §. *finali*, *cod. ad Sen.* *tum* *C. Velleianum*, parce que cette Loi eft abrogée ; voyez Chriftin. *ad hunc tit.* Groeneweghen & Bugnyon, *de legib. abrogatir* ; ce fut auffi l'avis de tous les Juges.

Mr. POLLET, partie 3, Lettre V, Arrêt 127, rapporte un autre Arrêt femblable du 7 Juillet 1699.

ARRÊT LXII.

Si la portion d'un héritier, étant succédé à son cohéritier, reste sujette à la restitution d'un fidéicommis ?

LE 9 Mars 1699, au rapport de Mr. le Couvreur, on agita une question fort importante entre le Comte de Cauroy, Baron de Warcoing, Demandeur, par mise de fait à la Gouvernance de Lille, & la Dame douairière de Cruyfauthem, femme en troisièmes nôces du Sr. de Walincourt.

LE Sr. de Milomez par son testament du 18 Juillet 1652, ayant partagé quatre enfans par assignats particuliers, & les ayant institués héritiers pour le surplus également, a apposé la clause suivante » voulant & ordonnant que lesdits enfans » seront héritiers l'un de l'autre en cas qu'ils viennent à » mourir sans enfans, ensorte que les biens du terminé ac- » croîtront toujours aux survivans pour y prendre ce que les » Coutumes des lieux leur donneront, sauf que si Messire » Louis-Joseph d'Archies, son deuxième fils, venoit à mourir » sans enfans, sa part accroîtroit au troisième fils s'il en a, » en laissant par ledit troisième fils sa part dans la masse » commune. »

IL est dit encore dans le testament, » que les enfans pourront » disposer de huit mille florins, & qu'il pourront vendre les » parts à eux assignées, moyennant remploi ; » le Testateur se réserve aussi le pouvoir d'aliéner quelque partie, à condition que le remploi appartiendra à celui dans la part de qui les biens aliénés auront été trouvés ; il veut aussi que si les deux fils viennent à mourir sans enfans, les Dominicains prennent quarante mille florins sur ses plus apparens biens, & en cas que ses deux filles viendroient aussi

à mourir fans enfans encore vingt mille florins, & les Ca-
pucins quarante mille florins.

Il est à remarquer que l'aſſignat des deux filles ne portoit
pas la moitié de cette ſomme, & après tout, « il défend à
« tous & chacun ſes enfans la diſtraction de la légitime &
« trébellianique, au préjudice du fidéicommis réciproque ci-
« deſſus ordonné. »

L'Aîné des fils, Meſſire André-Alexandre d'Archies, eſt
mort ſans enfans, Religieux de la Compagnie de Jéſus,
ayant fait un teſtament au profit de ſon cadet, Meſſire Louis-
Joſeph d'Archies, Comte d'Hallennes; ledit Comte d'Hallennes eſt auſſi mort ſans enfans le 9 Juin 1697, après avoir
donné les biens qu'il avoit hérités de ſon aîné au Comte
de Cauroy, fils aîné de ſa ſœur aînée.

Madame de Walincourt, ſœur du Comte d'Hallennes,
diſputoit ladite donation touchant les biens du Comte
d'Hallennes, provenans de ſon frère aîné mort Jéſuite, ſe
fondant ſur ce que le fidéicommis étoit réciproque & graduel, & qu'ainſi ledit Comte d'Hallennes n'avoit pu donner les biens provenans de ſon frère, *cum in fideicommiſſo
reciproco portio cohæredis veniat reſtituenda.*

Le Comte de Cauroy ſoutenoit au contraire que le fidéicommis étoit ſimplement réciproque, & point graduel, &
par conſéquent qu'il ne devoit pas reſtituer ladite portion;
qu'il en étoit libre & qu'il l'avoit pu donner audit Impétrant de miſe de fait: à la Gouvernance de Lille on jugea,
ou du moins on préjugea qu'il n'y avoit pas de fidéicommis
graduel; mais par Arrêt de la Cour du 9 Mars 1699, la
Sentence fut réformée à cet égard, & la miſe de fait révo-
quée touchant les biens du père d'Archies, comme étant
ſujets au fidéicommis, ſuivant le ſentiment de Mr. le Couvreur, Rapporteur, du Préſident Desjaunaux, du Chevalier
de Morghem, des Conſeillers de Flines, de Maffles & de

la Hamaïde, *contradicentibus*, de Roubaix, Defnaux, Delaplace, Donche & l'Efcaillet.

LES raifons du Comte de Cauroy étoient que par l'Edit perpétuel, il faut que les fidéicommis foient clairs; qu'étant de leur nature odieux, il les falloit reftreindre, ou du moins ne les pas étendre; qu'ils ne devoient pas être introduits *nifi cogentibus aut convenientibus verbis*, comme le dit Stockmans, *decif.* 33, que la claufe pouvoit être expliquée fans introduire un fidéicommis graduel; que la *Loi 90*, ff. *de legatis* 3, eft expreffe à ce fujet, puifqu'il eft dit que celui qui eft chargé de reftituer l'hérédité, n'eft pas obligé de reftituer les legs & prélegs, *quia nomine hæreditatis non veniunt*; que la claufe *feront héritiers l'un de l'autre*, n'eft autre que de reftituer l'hérédité; la Loi *Marcellus* 3, §. 4, ff. *ad trebellianum*, n'eft pas contraire, puifqu'il n'y eft fait mention que de la portion, fans avoir ajouté *héréditaire*, & que d'ailleurs il n'y eft queftion que de prélegs, qui font différens des fidéicommis, l'un fe prenant *jure directo*, & l'autre *jure obliquo*; que la Loi *Scævola* ne faifoit auffi rien, puifqu'il y étoit dit, *quidquid ex hæreditate ad eum pertinuerit*, ce qui eft fort différent, d'autant que le mot *quidquid* dénotoit qu'il vouloit qu'il reftituât tout ce qu'il avoit eu de l'hérédité; on s'appuyoit encore de Stockmans, *decif.* 33, & de l'autorité de Deckerus.

MADAME de Walincourt foutenoit au contraire, que le fidéicommis étoit graduel par la Loi *Marcellus*, où il eft dit, *quod nomine portionis veniunt legata & præceptiones*; qu'on ne peut pas dire que la claufe en queftion eft dans le cas de la Loi 96, ff. *de légat.* 3.º puifqu'il n'eft pas dit qu'on devra reftituer les parts héréditaires, mais feulement qu'ils feront héritiers l'un de l'autre : qui dit être héritier, dit de tous les biens, & principalement de tous les biens qu'ils ont, *ex judicio teftatoris*, que par conféquent le fidéicommis étoit dans le cas de la Loi *Marcellus* 3, ff. *ad trebellianum*; que le Grand Confeil de Malines, au rapport de Cuvelier, a fuivi ce fentiment, & que c'eft l'opinion de Bartole, de Cofta, en la Loi *Scæ vola* ; que Paulus Caſtrenſis eſt auſſi de la même opinion ; & la Loi *ex poſt facto*, ff. *ad trebell.* ſemble le décider en termes formels , puiſqu'il eſt dit que cette formule » je vous prie » de faire héritière une telle perſonne, quoiqu'elle ne puiſſe » valoir *jure directo* elle vaut comme fidéicommis & emporte » tout ce que l'héritier a eu, *quidquid ex hæreditate conſe-* » *cutus fuerit* » que par la Loi 18 , *cod. de fideicommiſſ. portio cohæredis venit* , quand il eſt dit, *quidquid ex hæreditate ad eum pervenit*; que Fuſarius & Peregrinus rapportent une infinité d'Auteurs qui ſuivent cette opinion; que ſi la queſtion pouvoit être douteuſe en termes de Droit, les mots du teſtament otoient tout le doute, puiſqu'il y étoit dit » en » telle ſorte que les biens du terminé accroîtront toujours aux ſurvivans » que ſi cela ſe devoit faire toujours il ne pouvoit être reſtreint au premier cas.

Voyez le même Arrêt rapporté par Mr. Desjaunaux, tome 2, Arrêt 258.

Voyez auſſi l'Arrêt 50, de ce II.ᵉ volume, pag. 342.

ARRÊT LXIII.

Si dans la Coutume de Tournai, une veuve qui s'eſt immiſcée dans les biens & dettes de ſon mari, ayant enfans, a droit d'uſufruit ſur les biens fidéicommiſſés ?

IL fut jugé au rapport de M.ʳ de Roubaix, le 5 Juin 1699, en la cauſe de D.ˡˡᵉ Catherine Olivier, veuve d'Eraſme-Pierre Hoverlant, Défendereſſe, contre Jacques-Eraſme Hoverlant ſon fils, qu'elle ne pouvoit étendre ſon uſufruit ſur les biens fidéicommiſſés, à cauſe qu'ils n'étoient pas entrés en communauté, & que l'uſufruit ne ſemble être donné par l'art. 14 de la Coutume de Tournai, tit. *des autorités de gens mariés*, que ſur les biens communs, d'autant plus que, dans cet article, les fiefs en ſont exceptés, ne pouvant pas être donné autre raiſon, ſinon qu'ils n'entrent pas en communauté : à l'autorité de Peckius, de Stockmans, de Chriſtinæus, *ad conſuetudines meclinienſes* ; on répondoit que dans leurs Coutumes, les biens patrimoniaux, quoiqu'ils n'entraſſent pas en communauté, étoient ſoumis à l'uſufruit de la veuve, & que les biens fidéicommiſſés en ligne directe le pouvoient bien être, *argumento authent. res quæ*, ce qui n'avoit pas lieu dans la Coutume de Tournai ; de cet avis furent M.ʳˢ de Roubaix, Deſnaux, de Flines, Leſcaillet & Deſjaunaux ; *contradicentibus* M.ʳˢ Couvreur, de Maffles, de la Place & de Foreſt.

SUR cette matière, voyez M.ʳ Desjaunaux, tom. II, Arrêt 263.

ARRÊT LXIV.

Si le confentement de deux Conjoints de pouvoir changer leur teftament fait enfemble, en tout ou en partie, après la mort de l'un, eft valable ?

EN la même caufe (*), & le même jour, il fut jugé qu'un tel confentement eft valable « & que le furvivant peut » changer fon teftament & difpofer autrement, non-feulement » de fes biens, mais auffi de ceux du prédécédé » & quoique cela femble contraire à la Loi *illa inftitutio,* ff. *de hæred. inftit. tamen ex ufu quafi notorio,* femblable permiffion a été foutenue fuivant le fentiment de M.ʳˢ Couvreur, de Maffles, de la Place, Lefcaillet & de Foreft, *contradicentibus* M.ʳˢ Desjaunaux, de Roubaix, Defnaux & de Flines, qui faifoient diftinction entre confentir de difpofer chacun des biens l'un de l'autre, & de confentir de changer des difpofitions faites, ce qu'ils difoient ne pouvoir être foutenu en Droit, à caufe que c'eft faire dépendre fa difpofition de la volonté d'autrui. *Videatur præfes* Evrardus, *Confil.* 60, Peckius, *de teftament. conjug.* Stockmans, *decif.* 21.

Voyez l'Arrêt XXVIII, ci-devant, pag. 308.

[*] Voyez l'Arrêt précédent.

ARRÊT LXV.

Si une dîme possédée par Ecclésiastiques, sans suppression de Fief, est sujette à la portion congrue, conjointement avec les autres dîmes Ecclésiastiques non inféodées ?

AU rapport de M. de Roubaix, au procès du Chapitre de St. Omer, condamné à payer portion congrue au Curé de Wleteren, contre le Chapitre de Béthune, il fut jugé que le dernier Chapitre possédant une partie de la dîme de Wleteren, quoiqu'elle fut encore fief, devoit contribuer avec celle du Chapitre de St. Omer qui n'étoit pas inféodée, & cela en conformité de l'Ordonnance de Philippe II, sur le Synode de Cambrai, & de l'Edit de l'an 1613, touchant la réparation des Eglises ; les deux autres Chambres consultées : *dissentientibus* MM. Desjaunaux, de la Place, Lescaillet, de Foreft, Desnaux, Odomaer, Jacquerye, Pollet, du Buissy, Bruneau & de la Hamaïde, le 27 Juillet 1699.

SUR cette matière, voyez M. Desjaunaux, tom. II, Arrêt 267.

ARRÊT

ARRÊT LXVI.

Si le défaut d'adhéritance fait que l'héritier mobiliaire succède,
dans une Terre en Hainaut, ou bien si c'est l'héritier im-
mobiliaire, & si on peut disposer desdites Terres?

AU rapport de M.ᵣ Delevigne, entre N. Couroy, Appellant de Zy & Ferain, & la veuve Michel Becquet, vi-
vant Greffier à Douay, il fut jugé que la nommée.... qui avoit
acquis par décret six rasières de terres situées auxdits Villages,
Pays & Comté de Hainaut, sans en avoir pris adhéritance
& en avoir joui dix ans, n'avoit pu valablement en disposer par son testament, par lequel elle avoit donné tous
ses biens meubles & immeubles à ladite veuve Becquet, &
que Couroy avoit droit de revendiquer lesdites terres comme
héritier *ab intestat.*

LE sujet du procès étoit que ladite veuve disoit que par
le défaut d'adhéritance il n'y avoit qu'une action pour se
faire donner la chose, laquelle étoit personnelle, & devoit
être réputée meuble, puisqu'on pouvoit disposer de semblables actions; au contraire on disoit que la chose ne con-
sistoit point en simple personnalité; qu'elle en avoit joui
pro suo & titulo emptionis l'espace de dix ans; que quand
ce seroit une simple action, elle seroit immobiliaire, puisqu'elle tendoit à une chose immobiliaire, suivant la maxime
qui actionem habet ad rem, rem ipsam habere videtur; que
telle est l'opinion de Burgundus ainsi que de Stockmans,
en son Traité *de jure devolutionis,* de Dumoulin sur la Coutume de Paris, de Mainard, dans ses observations.

SUR cette question la seconde Chambre fut partagée : le Rapporteur, MM. le Baron de Rongis, de Maffles, de la Place &

Tome II. Z z

Beccuau étoient pour l'héritier teſtamentaire ; MM. de Roubaix, de Flines, Couvreur, Hattu & Desjaunaux Préſident,
étoient d'avis contraire ; l'affaire ayant été *départie* en la
première Chambre , il fut jugé de ſix voix contre cinq que
l'héritier *ab inteſtat* devoit être préféré ; de l'avis de MM. de
Polinchove , Dubois d'Hermaville, Deſnaux, Pollet , de la
Hamaide, Jacquerye ; *contradicentibus*, MM. Cordouan, Boulet , Morghem, Donche & Crupilly.

Sur cette matière, voyez M. Desjaunaux, tom. II,
Arrêt 272.

ARRÊT LXVII.

Si celui qui a reçu ſon legs peut impugner le teſtament de
nullité ?

D ANS le procès des Péres Jéſuites & des Mayeur &
Echevins de la ville de Tournai, il fut jugé que l'acceptation faiſoit fin de non-recevoir par la Loi 5 , *ff. de his
quibus ut indig. Acceptans legatum non poteſt dicere inofficio-
ſum nec falſum eſſe teſtamentum niſi reſtituendo legatum , nullum
autem dicere poteſt , ſed hæc lex patitur duplicem exemptionem. 1.ᵃ
Niſi fuerit teſtamentum nullum ante acceptionem legati ; Baldus ,
ad hanc legem & cæteri DD. paſſim. 2.ᵃ Niſi per calumniam im-
pugnat teſtamentum : in caſu propoſito occurrebant duplices illæ
exceptiones ; nam venantius Dumoulin, receperat legatum poſt
impugnationem teſtamenti ab aliis cohæredibus factam & hæredes veniebant ad impugnationem teſtamenti poſt decimum ſep-
timum annum & contra alios hæredes fuerat deciſum · in favorem teſtamenti per duo Arreſta Parlementi, contra quæ in
caſſationem apud Conſilium privatum cum egiſſent, repulſam
interunt, inea ſummati fuerant ut deducerent ſuas rationes in
lite deciſā per ſecundum Arreſtum & ita judicatum in menſe
Novembri 1700 ou 1701 , me referente & conſentientibus Do-*

minis Præside Desjaunaux, *& Consiliariis* MM. de Roubaix, Delevigne, Couvreur, de Maffles, de la Place, Donche & de Forest.

Voyez l'Arrêt X de ce IIme vol. pag. 287.

ARRÊT LXVIII.

Le statut qui défend à un mari de léguer à sa femme, & la femme de léguer au mari, est-il réel ou personnel?

LE 25 Janvier 1701, au rapport de M. Couvreur, en la cause d'Antoine Bosquet, contre la Dame de la Bussiere, il a été jugé que la Coutume d'Artois, qui défend aux conjoints de s'avantager l'un & l'autre, étoit réelle, & qu'ainsi la première femme du Marquis de la Bussiere avoit pû lui donner ses biens de Valenciennes, suivant l'autorité de Balde, de Peckius, d'Argentré, Wamesius, Vandenhane, Burgundus, Wesel, *ad novellas constitutiones,* constitut. 1; de ce sentiment furent le Rapporteur, MM. Desjaunaux, de Roubaix, de Flines, de Maffles, de la Place, Donche & de Forest; Delevigne seul fut contraire.

Sur cette matière, voyez M. Desjaunaux, tom. II, Arrêts 146 & 296.

ARRÊT LXIX.

Si dans la Coutume de Lille, la ligne maternelle se trouvant défaillante, la ligne paternelle exclud le Seigneur en la succession des fiefs & héritages cotiers ?

EN la cause du Comte de Lumbre, Demandeur contre Hyppolite Chuffart & Confors, il fut jugé le 26 Janvier 1701, que le droit de déshérence n'avoit pas lieu au profit du Seigneur, tant qu'il y avoit des parens de l'autre ligne, parce que la Coutume de la Châtellenie de Lille n'excluoit pas expressément la ligne d'où les héritages ne procèdent point, & que par son décrétement il faut avoir recours au Droit écrit, pour les cas qu'elle ne décide pas ; il est certain que par le Droit *non sunt bona vacantia nisi in defectum utriusque lineæ L. vacantia ff. de bon. vacantib.*

AINSI il faut entendre la Coutume quand elle dit que les héritages suivent côte & ligne d'où ils procèdent, quand il y a des conjoints des deux lignes, mais ce concours ne se rencontrant pas, l'autre ligne y doit être admise, & c'est le sentiment de Dumoulin sur la question 75, de Joannes Gaill, de Brodeau & Louet, de Legrand sur la Coutume de Troyes, & de presque tous les auteurs François : on peut voir là-dessus Dufief au mot *succession*, & Christinæus *decision. vol. 5, decis.* 220 ; on avoit déjà décidé cette question au Parlement en 1700 ; les avis contraires portoient sur ce que la succession ne le défèroit que par la Loi ; que la Loi ici devoit se considérer par rapport à la Coutume ; que la Coutume a réglé le cas de la succession tout autrement que le Droit écrit ; qu'en effet par le Droit écrit il n'y avoit pas de différence de patrimoine ; que rien n'étoit affecté à l'une des lignes, non plus qu'à l'autre ; qu'on ne considéroit pas dans le Droit écrit la diversité de patrimoine,

& par conséquent ce n'étoit pas une merveille qu'en un cas, par exemple, où la ligne maternelle étoit préférable à la paternelle, qu'à son défaut la ligne paternelle y succédoit; que cela ne pouvoit pas être considéré par les Coutumes qui affectoient les biens à la ligne, l'autre ligne étant regardée par la Coutume comme étrangère; qu'effectivement on considère une semblable hérédité comme séparée; qu'un parent de la ligne, au vingtième degré, exclud l'autre de la ligne au second, ce qui marquoit qu'il ne falloit pas avoir recours au Droit écrit; que les biens sont censés vacans quand il n'y a personne pour les recueillir en vertu de la Loi qui défère la succession; que la Coutume ne défère la succession des biens paternels, qu'à la ligne paternelle, & qu'ainsi inutilement on avoit recours à la Loi *vacantia*, puisque dans le cas de cette Loi *bona non dicuntur vacantia, quia cognati succedunt loco agnatorum*, suivant le Droit écrit, ce que la Coutume de Lille ne disoit pas; qu'on le pratique ainsi en Flandres, suivant Cuvelier en ses Arrêts; qu'on l'avoit ainsi jugé à Lille en 1602, & au Bailliage de Tournai pour la Terre d'Antreville, au profit du Baron de Warcoing; que l'Arrêt rendu au rapport de M. Cordouan, ne pouvoit changer le Droit; qu'au moins on devoit admettre à vérifier l'usage comme on avoit fait toutes les fois que le cas paroissoit douteux; comme on le pratiquoit à Malines, suivant Christinæus, *dict. decis.* & Zypæus, *in notitia juris Belgici*; que de tous les auteurs du Pays, Cuvelier inclinoit seul, pour la Châtellenie de Lille, (comme la jurisprudence qui accorde au Seigneur le droit de déshérence) mais la première opinion prévalut, *contradicentibus* MM. de Roubaix, de Flines, de Maffles & de Forest; *vid.* Burgund. *tract.* 13; Dufief, Cuvelier, Christin. *decis.* 120, *vol.* 5.

Sur cette matière, voyez M. Desjaunaux, tom. II, Arrêt 297.

ARRÊT LXX.

Si en matière de retrait, quand on a été admis à vérifier sa parenté, & qu'on a déduit par un estocq, on peut après l'an revenir à un autre estocq ?

EN la première Chambre, au rapport de M.ᵗ Delevigne, il fut décidé le 8 Juillet 1700, au procès entre Jeanne Delobel, femme du S.ʳ Paul de Marcq, Demanderesse en retrait de la Terre de Bourghelles, contre le Sr. Huvino, acheteur, que ladite Jeanne Delobel avoit pu changer d'estocq, *omnium consensu, solo discrepante*, de Flines, qui se fondoit sur la maxime de France : le Sr. Huvino avoit demandé la révision, mais il s'en déporta pendant le Jugement de ladite révision.

SUR cette matière, voyez M. Desjaunaux, tom. II, Arrêt 285.

ARRÊT LXXI.

*Si dans la Coutume de la Châtellenie de Lille on peut offrir
les trois années au Seigneur des rentes Seigneuriales avant
la plainte ; & pour empêcher ladite plainte ?*

MARTIN WARESQUIEL, Sr. Descandreliers, faisant
saisir quelques parties de biens appartenans à N.
le Mesre, Curé de Gondecourt, & Consors, pour avoir
paiement de diverses années d'arrérages de rentes Seigneuriales, le Mesre au jour servant de la plainte, vient dire
qu'à tort il a plainti, & qu'il avoit offert de payer trois années
avant qu'il eut intenté la plainte.

WARESQUIEL sans convenir des offres dit, qu'indépendamment de cela il n'avoit pas été obligé d'accepter les
offres ; qu'elles ne se pouvoient faire qu'au jour servant &
après la plainte ; que telle étoit la disposition de la Coutume
de Lille, art. 47, au titre de *la Jurisdiction & Droits des Seigneurs Hauts-Justiciers*, & que tel étoit l'usage de Lille, d'autant que le Seigneur pouvoit se réserver à demander ses
rentes jusqu'à ce qu'on vendit les héritages, & qu'en la
distribution des deniers il pouvoit percevoir tous les arrérages, sans qu'on lui puisse objecter la prescription de trois
ans ; que d'ailleurs tel étoit l'usage de Lille.

MAIS contre cela on objectoit que la Coutume n'avoit
donné qu'une action pour se faire payer des rentes Seigneuriales, savoir la plainte à la Loi, & que contre cette action
elle avoit déclaré que le débiteur étoit quitte en offrant &
payant trois années, & les frais de Loix encourues, pourvu que
les offres fussent faites au premier défaut, que si on le pouvoit
faire après la plainte, on le pouvoit faire avant ; qu'il y auroit
de la dureté de la part du créancier de vouloir faire des frais
pour avoir ce qu'on lui offre, que cela choque le bon sens, la

la juftice & l'équité ; qu'il feroit injufte qu'il fallut attendre qu'on fit des frais pour obtenir ce qu'on a voulu payer ;
que les raifons alléguées ci-deffus au contraire, & principalement les ufages de Lille, n'étoient que des abus ; qu'en effet
il étoit abfurde de foutenir que parce que la pratique a
introduit qu'un Seigneur peut débattre pour les rentes Seigneuriales dans la diftribution des deniers, quoique la Coutume ne lui donne pas cette voie d'agir, les héritiers ne
pourront pas alléguer la prefcription, comme ils le peuvent
faire quand on a agi contr'eux par la voie introduite par la
Coutume.

Sur toutes ces raifons la Tournelle fut partagée, MM.
de Flines Rapporteur, Odomaer, Delaverdure, & Donche
de Beaulieu, étant pour réformer la Sentence du Bailliage de
Lille, qui avoit jugé en faveur du Sr. Warefquiel; M. le Préfident
Bruneau, MM. de Roubaix, Hannecart, Imbert d'In-
glemareft foutenant la Sentence, le procès fut porté dans
la première Chambre, où il fut jugé en faveur du Curé
de Gondecourt, à la fin du mois d'Avril 1702, de l'avis
de M. le Préfident de Polinchove, & de MM. de Rongis,
Delevigne, Jacquerye, de Buiffy, de la Place ; M. Desjaunaux feul étant d'avis contraire.

F I N.

RÉSOLUTIONS

RÉSOLUTIONS

DU

CONSEIL SOUVERAIN

DE TOURNAI,

RECUEILLIES

PAR M. LE PREMIER PRESIDENT DE BLYE.

Tome II.   A a a

RÉSOLUTIONS

DU

CONSEIL SOUVERAIN

DE TOURNAI,

Dans les causes sur lesquelles sont intervenus des Arrêts de la Cour,

RECUEILLIES

PAR M. LE PREMIER PRÉSIDENT DE BLYE.

A LILLE, chez J. B. HENRY.

Avec Approbation & Privilège du Roi.

[illegible]

[illegible]

[illegible]

[illegible]

[illegible]

[illegible]

[illegible]

[illegible]

[illegible]

RÉSOLUTIONS

DU

CONSEIL SOUVERAIN

DE TOURNAI,

RECUEILLIES

PAR M. LE PREMIER PRÉSIDENT DE BLYE.

I.

N a décidé que la femme séparée juridiquement de son mari, peut disposer de ses biens sans l'autorité d'icelui ; par la raison, que l'autorisation n'est pas requise selon la plus commune opinion, pour intégrer la personne de la femme, & comme formalité essentielle à l'acte, mais seulement pour les préjudice & intérêts qui peuvent rejaillir sur le mari, des contrats faits par sa femme, durant la communion & société conjugale.

II.

Qu'encore que par les Coutumes de Flandres, la pauvreté jurée puisse suffire pour aliéner des Fiefs, néanmoins

le ſerment prêté à cet égard, n'exclud pas les apparens hoirs
féodaux de débattre l'aliénation du nullité, ſi par indices &
conjectures preſſantes, ils peuvent montrer que l'aliénation
ſeroit faite en fraude de la ſucceſſion apparente : ainſi jugé
en la cauſe de la veuve Nicolas Deſenfans, contre Charles
& Marie Debuignies, le 10 Décembre 1670.

III.

QUE la Coutume de la Salle de Lille, diſpoſant, art. 4,
tit. *des hortigemens & autres hypothéques*, qu'Appellation
émiſe de Sentence définitive ou interlocutoire, engendre
hypothéque ſur les biens de l'Appellant, a lieu non-ſeulement en actions purement perſonnelles, mais auſſi en
celles intentées par ſaiſies de biens, *hâc ratione quod æquum
ſit conſulere ſecuritati actoris contra temerarias Appellationes*,
en confirmant la Sentence de la Gouvernance de Lille, en
la cauſe de Guillaume Pol, contre les Exécuteurs teſtamentaires de François Lemeſre.

IV.

QUE la clauſe contenant promeſſe de tenir une rente
tranſportée, bonne & valable, tant en cours, capital, qu'hypothéque, charge le cédant de l'inſolvence de l'obligé après
la ceſſion : ainſi jugé en Février 1671, en la cauſe de Jac-
queline Lainel, contre Jean de Monchy, réformant la Sentence des Echevins de Lille.

V.

LE 17 Juin 1671, jugé en la cauſe d'appel d'entre Laurent Becquet & conſors, Appellans de la Sentence de la
Gouvernance de Douay, & Anſelme Raiſſe, Intimé, que
la légitime des enfans doit être déduite du fidéicommis dont
ils ſont grévés par teſtament de leurs père, mère, ou autres
aſcendans, le fidéicommis tenant pour le ſurplus, & que

cette déduction doit avoir lieu lors même que le fidéicommis est réciproquement ordonné entre les enfans institués héritiers.

V I.

JUGÉ en la cause contre le Sr. Peteghem & autres, que ceux trouvés en occupation au temps de l'affiette de quelques tailles, sont pourfuivables pour leur côte en icelle, quoiqu'ils n'aient point été occupeurs au temps de l'existence de la cause de telle affiette, sauf leur recours sur l'occupeur.

V I I.

JUGÉ qu'un Officier de Justice, exploitant sur la Jurisdiction d'autrui fans permission, peut être arrêté par l'Officier du lieu, où l'exploit se fait, quoique l'arrêtant fut simplement Sergent, afin de l'obliger à la révocation de l'exploit.

V I I I.

JUGÉ en la cause de la veuve du Sr. Vanden-Berghe, à Gand, contre Gabriel Van-Vlesbus, que celui qui se déporte d'une cause intentée avant contestation, n'est obligé de purger les dépens avant de recommencer, & qu'il suffit qu'il consente d'y être condamné, attendu que c'est le devoir de sa partie de les faire taxer pour en pourfuivre le paiement.

I X.

LE 27 Mars 1673, en la cause d'entre la Dame d'Esquelmes, & les héritiers de feu le Chanoine Deftrompes, ceux-ci Appellans des Prévôt & Jurés de Tournai, il a été jugé par Arrêt confirmatif de la Sentence *à quâ*, que la Loi 2, cod. *de rescind. vend.* avoit lieu à l'égard de l'Acheteur lésé, aussi-bien que pour le Vendeur, & que la lésion d'outre moitié étoit censée intervenue, lorsqu'une chose valant *dix*, étoit vendue plus que *quinze*, contre l'opinion de ceux qui tiennent qu'il faut que l'Acheteur ait payé plus que *vingt* pour rescision du contrat.

X.

EN Octobre 1673, en la cause des grands Vicaires, & autres Suppôts de la Cathédrale de Tournai, impétrans de Requête en forme de complainte contre le Chapitre de ladite Eglise, sous prétexte qu'ils se disoient troublés par le Chapitre, en ce qu'ils auroient ordonné que les Chanoines, Diacres & Sous-Diacres précéderoient lesdits Vicaires aux Processions & autres actes publics, ensuite d'un réglement sur ce fait par le Sr. Evêque de Tournai, de l'aveu dudit Chapitre, lesdits Vicaires ont été déclarés non-recevables en leurs fins & conclusions, comme n'y ayant lieu de complainte en tel cas, eux entiers d'appeller dudit réglement s'ils croient être lésés en leurs prétendus Droits.

CE qui avoit été préjugé par le refus précédent de leur accorder Commission de complainte, même sur une sous-correction autorisée de moyen de droit.

PAR où la Cour a témoigné qu'il n'y avoit matière de dépêcher complainte dans un cas de cette nature, & qu'il étoit plus juste de la refuser que d'engager le poursuivant inutilement dans les grands frais qui se font aux exploits de complainte.

X I.

EN Novembre 1673, on a jugé, en la cause du Sr. de Cruysauthem, Demandeur contre Charles Vanderhagem, Défendeur, que le droit Seigneurial n'est dû au Seigneur en matière de partage de biens, quand par convention entre cohéritiers, ou autres successeurs, l'on assigne à l'un ou l'autre d'iceux en quelque fond particulier, la part

&

& portion d'hoirie, qui lui compète en chaque partie des biens de la maison mortuaire , quoique pour faire cette assignation on ait fait estimation desdits biens , & que pour être fait propriétaire du fond assigné , il faudroit adhéritance suivant la Coutume du lieu de la situation dudit fond , parce que telle assignation n'est prise pour faire paiement, *sic ut viam venditionis obtineat; juxtà L. si prædium, cod. de evict.* mais par le véritable partage de l'assignataire, prenant uniquement égard à ce que les parties ont entendu de faire, suivant la doctrine de d'Argentrée (*post alios*) *ad cons. britan.* des droits du Prince, art. 73, not. 4, n. 3, à moins que le Seigneur de la mouvance de tel fond assigné, verifie d'avoir droit de percevoir le droit Seigneurial même en semblable cas,

XII.

LE 23 du même mois a été jugé qu'un Pleige, qui étant ajourné au paiement de quelque rente , pour laquelle il avoit cautionné, (c'étoit sur un adjudicataire des biens appartenans à l'obligé principal, afin d'être indemnisé en payant par lui le prix de son marché, au moyen de quoi la rente seroit acquittée, comme hypothéquée sur lesdits biens,) étoit fondé en sa poursuite, quoique selon la rigueur de Droit, il auroit dû actionner le principal , & celui-ci ledit adjudicataire, *juxtà L. ratio juris ,* & autres, *cod. de hæred. vel act. vendit.* & ce , pour éviter un circuit, suivant ce que les Docteurs enseignent en pareil cas. *Et decisum refert* Vincent. Defranchis, *in simili, decis. neapol. 273 , æquitate suggerente.*

XIII,

JUGÉ que celui qui a pris argent à intérêt pour le terme de deux ans à charge de restituer, pour lors le sort & intérêt, quoique ce soit entre marchands, n'est obligé, ledit terme expiré, sans nouvelle convention, à aucun intérêt, *quia limitata causa, limitatum producit effectum,* & que tout intérêt qui se paie après le terme écoulé, qui a été

preſcrit à la reſtitution, fait à imputer au ſort, *quia hujuſ-
modi contractus ſtrictè ſunt interpretandi ; juxtà L. quiquid adſ-
tringenda, ff. de verb. oblig.*

X I V.

Jugé que celui à qui l'héritage mis en décret a été
adjugé comme dernier enchériſſeur, eſt pourſuivable comme débiteur de Juſtice à la conſignation du prix de ſon
achat, quoiqu'il déclare avoir acheté pour autrui, d'autant
que cette exception n'eſt recevable, ſuivant ce qu'enſeigne le
Maître, *traité des criées, chap. 37.*

X V.

Jugé en la cauſe d'entre Daniel Penneman, faiſant les
fonctions d'Huiſſier autoriſé du Conſeil, d'une part, & Pierre
Naeſt, d'autre ; que bien qu'un Huiſſier excéderoit en ſon
exploit, il n'eſt pourtant loiſible à la perſonne, qui eſt par
lui exécutée, de le faire arrêter au ſujet dudit exploit, mais
qu'il faut s'en plaindre à la Cour, afin de révocation de
l'exploit ; 11 Janvier 1674, Rapporteur Heindryck.

X V I.

Le 12 Novembre 1674, a été réſolu, les Chambres aſſemblées, de tenir en Jugement des procès pour choſe conſtante,
ſuivant la plus commune opinion des Juriſconſultes, que le
transport d'une dette, *ſive titulo venditionis, aut alio tranſ-
lativo Dominii,* ſaiſit le ceſſionnaire, avant même qu'il en
ait fait la ſignification au débiteur, & que telle ſignification
ſert uniquement afin qu'il ne paie pas au cédant, comme il
pourroit faire valablement, *vi directæ actionis,* qui eſt reſtée
en ſa perſonne ceſſant cette ſignification.

X V I I.

Le 12 du même mois , jugé en la cauſe de . . . .

que la détérioration ou amoindriſſement d'un héritage, avenu pendant les criées de ſubhaſtations, n'eſt pas à la charge de celui qui eſt lors dernier enchériſſeur, par la raiſon que tel enchériſſeur n'eſt acheteur, *nec purè, nec conditionaliter*, mais la vente eſt imparfaite, & ne ſe fait le véritable achat que par l'adjudication du décret, *& ex tempore dumtaxat periculum ſpectat ad ipſum*; il ne peut néanmoins réſilir du marché entamé par ſes enchères, ſous le prétexte de cette détérioration & amoindriſſement, mais il eſt entier de prétendre réduction du prix, à proportion deſdites détérioration & amoindriſſement, d'où on peut conclure que les rentes par décret, comme elles ſe pratiquent, *non ſunt additiones in diem*, connues en Droit.

X V I I I.

JUGÉ au mois de Mars 1675, en la cauſe des Horiſtes de St. Maurice à Lille, Appellans du Bailliage de ladite Ville, contre Gilles de Rodes, Intimé, qu'il étoit loiſible aux Appellans de rentrer dans l'héritage par eux ci-devant arrenté aux auteurs dudit de Rodes, en vertu de la clauſe portée en l'acte d'arrentement, de pouvoir rentrer dans l'héritage, à faute de payer la reconnoiſſance annuelle par l'expiration de trois ans, quoi que ledit de Rodes ait acheté ledit héritage comme libre & ſans charge, & qu'il ne conſtat point que depuis vingt-huit ans ladite reconnoiſſance auroit été payée; devant ſuffire qu'il y avoit la clauſe de réverſion, & que l'héritage étoit tombé en commiſe, puiſque ledit de Rodes n'a eu plus grand droit que ſes auteurs, *& res tranſit cum ſuâ cauſâ & onere*; néanmoins à cauſe d'ignorance il lui a été accordé le terme de ſix ſemaines pour purger la demeure.

X I X.

LE même jour Jugé en la cauſe d'entre la veuve de Deſcansfrans, demeurante à Furnes, Appellante, & les hoirs de N. Delemorte, Intimés, que la rente rembourſée ès mains de N. Savary, comme prétendu tuteur deſdits hoirs, ſans l'autorité du Magiſtrat dudit Furnes, n'étoit éteinte, mais que ladite veuve

étoit actionnable comme si le remboursement n'eut été fait, & ce
à raison que ledit Savary n'avoit pû s'immiscer dans l'adminis-
tration des biens desdits Delemotte, sans avoir préalablement
donné quatre cautions, selon la Coutume dudit Furnes, à quoi
il n'avoit pas satisfait, & que d'ailleurs il n'a pas été prouvé que
le remploi des deniers de ladite rente auroit été fait en acquisition d'autres biens utiles aux mineurs.

X X.

JUGÉ qu'un obtenant en cause ne peut céder l'action des
dépens à lui adjugés à la charge du condamné, non plus au
profit de celui qui lui a servi de Procureur en ladite cause, que
de tout autre, au préjudice de la compensation que ledit condamné pourroit lui objecter, en cas qu'il le poursuivit lui-même
pour prétentions liquides qu'il auroit à sa charge ; néanmoins
que les déboursés faits par le Procureur cessionnaire au nom
de son cédant, comme privilégiés, doivent être payés par le
condamné, dans le cas qu'ils ne pouroient se recouvrer d'ailleurs ; ce qui néanmoins ne doit point être tiré en conséquence,
puisqu'il n'y a pas de raison de rendre plus privilégiée la cause
du cessionnaire que celle du cédant.

X X I.

JUGÉ qu'un Huissier qui exploite & met à exécution une
Sentence à lui envoyée par le Procureur, ayant occupé en
cause pour l'obtenant, n'a pas action contre le maître pour
ses salaires en cas d'insolvance de l'exécuté, si l'exploit s'est fait
sans ordre ni aveu d'icelui, sauf son action contre le Procureur
qui lui a mis en main ladite Sentence pour la mettre à exécution.

X X I I.

IL est permis à chacun de vendre publiquement les arbres
croissans aux champs & autres biens, sans être obligé de souffrir
l'intervention des gens de Loi du lieu, nonobstant que la

vente se fasse après proclamations & criées d'Eglise au plus offrant, le tout si avant qu'il n'y ait usage & possession immémoriale au contraire, confirmé en Jugement contradictoire, telle intervention de gens de Loi n'étant requise selon le Droit qu'ès actes judiciaires, volontaires ou nécessaires ; autre chose ès villes & lieux où il y a des Officiers créés pour entrevenir aux ventes publiques, car en ces lieux il faut souffrir l'intervention de ces Officiers pour la conservation de leurs droits.

XXIII.

JUGÉ en la cause d'entre Louis Grullois, Appellant , & ceux du surnom Lamotte, Intimés, que les dépens des deux instances sont à compenser, lorsque la Sentence du Juge *à quo* est réformée, par nouveau jugement fondé sur des nouvelles productions de l'Appellant, *juxtà* Bart. *in L. generaliter, cod. de reb. cred. &* Guid. Pap. *decis.* 137, *per tot.* ce qui s'entend, si les Intimés ne sont point de mauvaise foi, si comme pour avoir eu connoissance dans la première instance des titres exhibés en la seconde , car en ce cas ils seroient à condamner en tous les dépens , *ut notat. dictis locis.*

XXIV.

LE 2 Mai 1675 , jugé en la cause d'entre N. Monuef , Appellant de la Gouvernance de Lille, contre N. de Frans, Intimé, que celui qui a injurié un autre , le nommant frippon en compagnie, & autrement le diffamant, peut être convenu *actione injuriarum,* encore même qu'il pourroit prouver que l'injurié auroit commis quelque larcin, *quia conviciandi animo objecit crimen & veritas convicii non excusat conviciantem à pœnâ justâ,* L. *si non convicii, cod. de injur. licet excuset à palinodiâ ;* A. Sande *in decis. fris. lib.* 5, *tit.* 3, *defin.* 7, *per totum: late* Covarr. *var. resolut.* L. 1, *cap.* 11, *n.* 6 & 7; autre chose seroit *si apud judicem, aliove opportuno loco, injuria hujusmodi prolata esset, quum scire & punire publico expedit ; juxtà* L. *eum qui nocentem,* ff. *de injuriis.*

X X V.

LE 20 Septembre 1675 , il fut jugé en la cauſe d'appel
d'entre D.^{lle} de Sucre, Appellante de la Gouvernance de
Lille, & la veuve de Baltazar de Roubaix & Conſors, Intimés,
que la diſpoſition faite par le feu Sr de Lamberſart, au profit
de ſes fils, en forme de partage , à condition de laiſſer ſuivre
aux filles, parties deſdits biens à concurrence de mille florins
de rente héritière à chacune d'icelles, ou ſi mieux leur ſembloit
de leur créer rente de pareille ſomme annuelle au rachat de
denier ſeize, opéroit cet effet en faveur deſdites filles , que
les biens appréhendés par leurs frères en vertu d'icelles étoient
affectés à la rente qu'ils leur ont créée pour ladite ſomme
annuelle de mille florins, & que ces rentes, ſans autres devoirs faits pour acquérir hypothéque, étoient à mettre en ordre
prieure ſur les deniers procédans d'aucuns deſdits biens, à toutes hypothéques conſtituées par leſdits fils, par deniers pris
à rente de leurs créanciers, conformément aux Arrêts ci-
devant rendus en pareil cas au grand Conſeil de Malines, &
à la pratique obſervée en la Châtellenie de Lille, dont ceux
de ladite Gouvernance étoient ſortis depuis le changement
de domination , par une nouveauté préjudiciable à ladite pratique ancienne.

X X V I.

JUGÉ en Janvier 1676 , en la cauſe d'entre Joſſe Willeme,
Demandeur en préférence ſur deniers nantis contre Henri
Jacops, marchand à Lille , débattant ladite préférence , que
l'année échue du louage d'une maiſon, n'eſt pas hypothécaire ſur
les meubles, étant en ladite maiſon au temps de la vente judiciairement en faite à la requête des créanciers du louager, mais
que cette hypothéque n'a lieu que pour l'année courante ,
afin que ſi pendant icelle, il ſe fait quelque ſaiſie de tels
biens, le locateur puiſſe préaler pour ſon rendage courant
ſur iceux, en telle ſorte que ſi les meubles ſont ſaiſis après
l'année échue , ledit locateur n'aura que ſimple ſureté, &

droit de préférence, *pro ratâ* du rendage de l'année courante, qui fera due au temps de la faifie, conformément à la pratique de la Ville & Châtellenie de Lille, obfervée à cet égard, à laquelle la Cour s'eft arrêtée à raifon du lieu des parties.

XXVII.

JUGÉ qu'un Demandeur fur main-mife, accordée au pays de Hajnaut, qui eft une efpèce d'exécution, étant fatisfait amiablement de fon dû pendant la pourfuite, fauf des dépens, ne pouvoit contraindre fon débiteur au paiement defdits dépens, en vertu de la même main-mife, mais qu'il devoit faire convenir fon débiteur fur taxe d'iceux, & en obtenir Arrêt préalable à l'exécution : pour Sébaftien du Hem, contre le Chapitre d'Antoing.

XXVIII.

JUGÉ que le reproche donné en caufe par un Défendeur contre le Demandeur, à qui le Juge a déféré le ferment fupplétif, en difant qu'il ne peut être reçu à ferment pour être accufé de meurtre, de larcin, ou autre crime, ne donnoit pas lieu au Demandeur d'agir fur réparation d'injures, avant qu'il fut informé & jugé fur ledit reproche, la partie ne l'ayant donné qu'à la confervation de fon droit, à proteftation de ne pas vouloir injurier, pour au cas qu'il ne fut juftifié, donner lieu à ladite réparation & non autrement, *juxtà* L. *fi quidem aviam & ibi DD. cod. de injuriis ; vide* Grivell. *decif. dol.* 100, *de hâc materiâ.*

XXIX.

JUGÉ en la caufe de Charlotte Dupuich, (*) contre l'Avocat Remy, que l'affignat d'un legs de cinquante florins par an, fait à ladite Dupuich par N. Laubegeois, à prendre fur une rente de deux cens florins due à la légataire, étoit démonftratif & non taxatif, fuivant la doctrine de Loifeau, en fon traité

(a) Voyez ci-après N.º XXXV.

du déguerpiſſement , liv. 1 , chap. 8 , fondé ſur les Loix *quidam teſtamento*, ff. *de leg.* de Dumoulin, *ad conſ. pariſ.* titre des Fiefs 18 , nouv. édit. n. 21 , & Gigas , *tract. de penſ.* *quæſt.* 62 , *per tot.* nonobſtant la déciſion d'Antoine Faber, *ad cod. lib.* 6 , *tit.* 18 , *defin.* 5 , laquelle ayant été faite *ex tempore*, comme il parle , ne ſemble pas pouvoir être ſoutenue par les principes de Droit , ni s'accorder avec les diſpoſitions des Loix ſuſalléguées.

X X X.

JUGÉ que les intérêts ne ſont adjugés , ſinon du jour que la demande s'en fait en Jugement.

X X X I.

JUGÉ que l'on doit ſatisfaire au compulſoire fait pour l'exhibition des titres que le compellé a en ſa puiſſance , quoiqu'il s'agiſſe , non d'un titre particulier , mais de pluſieurs , pourvu que la demande ſoit reſtreinte à certains nombres , ou certaines années , comme en matière de comptes rendus.

X X X I I.

JUGÉ en la cauſe d'Oudart-Dominique de Schmetre , Appellant de Furnes , contre Gilles Langhedervel , Intimé , par confirmation de la Sentence dudit Furnes , que le fils maîné voulant tiercer ès Fiefs contre ſon ainé, doit laiſſer ſuivre au profit de l'ainé tous les héritages cateux , & autres biens partageables qu'il a du chef de père ou mère , ayant délaiſſés leſdits Fiefs , ſans prendre égard ſi ces biens lui ſont avenus immédiatement à titre de ſucceſſion , ou ſi partie lui eſt échue à titre de dévolution par le trépas de père ou mère prétermiré , parçe qu'il ſuffit que leſdits biens ſoient provenus *in ſubſtantiâ patris aut matris de cujus ſucceſſione feudali agitur, ex omni ſubſtantia confunditur in hærede apprehendente, ut tali tertiam partem feudorum.*

XXXIII.

XXXIII.

JUGÉ en Décembre 1676, en la cause du Sr. Bruno Bayart, Procureur de la Ville de Lille, joints à lui les enfans du Sr. du Carieul, Intimés contre les exécuteurs testamentaires du Sr. de la Mallerie, Appellans d'une Sentence des Echevins de Lille, que lesdits exécuteurs n'étoient pas fondés de vouloir obliger ledit Bayart à lui faire cession des rentes qu'il avoit sur lesdits enfans, y obligés avec leur frère ainé, lequel avoit seul profité des deniers capitaux, pour en vertu de ladite cession poursuivre lesdits enfans, & sauver une autre rente sur les deniers procédés de la vente des biens dudit ainé y obligé seul, en confirmant la Sentence desdits Echevins; la raison est que *jus offerendi primo creditori* n'a lieu que quand il s'agit de sauver son hypothéque acquise sur le bien qui est également hypothéqué au premier créancier, & non pas pour diriger son action sur des biens non hypothéqués à la rente; comme au cas présent, suivant ce qu'enseigne Molin. *de pign. & hypot. lib.* 4, *tit.* 1, *quæst.* 43; *& L.* 1, *cod. qui post. pign. L. prior, cod. eodem, L. potior, ff. eod. tit.*

XXXIV.

AUDIT mois de Décembre 1676, jugé en la cause du Sr. du Chambge & Consors, Appellans d'une Sentence du Magistrat de Courtray, contre Jean-Baptiste Dugardin, Intimé, que l'obligé en une rente pour & au nom d'autrui, & qu'il a promis payer en son propre & privé nom, ne peut se prévaloir de prescription aussi long-temps que la rente est payée par celui qui a profité des deniers, parce qu'à cet égard *habetur pro correo quoad effectum*, joint que selon la maxime triviale, *non valenti agere, non currit prescriptio; per ea quæ tradit in simili* Roderic. *de annuis reditib. quæst.* 9, *n.* 64, *& seq.* selon quoi la Sentence *à qua* fut confirmée.

X X X V.

JUGÉ en la caufe de Charlotte Dupuich, Appellante de la Gouvernance de Doüay, contre l'Avocat Remy, que la claufe appofée en un teftament, *his verbis.* » Je lui donne cinquante » florins de rente fa vie durant, à prendre fur la rente que » j'ai à la charge de N. » ne produifoit point l'incitation du legs à ladite rente affis; que ces mots *à prendre* mis en l'exécution n'étoient que démonftratifs, *nûde legatum accipi poffet per L. quidam teftamento,* ff. *de leg.* 1 : *late* Loifeau , *en fon traité du déguerpiffement,* liv. 1 , chap. 9.

X X X V I.

LE 29 Janvier 1677, jugé au rapport du Confeiller de Flandres, en la caufe d'entre Henri Jacops, Impétrant de mife de fait pour fûreté d'une lettre de change, & la veuve de Jean Goffeart ayant accepté ladite lettre , qu'il n'eft pas néceffaire que le titre, en vertu duquel s'intente mife de fait, contienne l'accord d'icelle, mais qu'il fuffit que le titre foit obligatoire; & ainfi a été interprétée la Coutume de Lille, conformément à la Sentence rendue en pareil cas par les Echevins de Lille, en l'an 1658 , en la caufe d'entre Jean Reys, Demandeur, & Jean Duthoit, Défendeur , le tout après avoir oui les Praticiens dudit Lille en enquête turbière.

X X X V I I.

JUGÉ au rapport du même Confeiller, en la caufe d'appel d'entre les exécuteurs teftamentaires de N. de la Feffoye , fille terminée en célibat, & les fermiers du droit d'Efcas à Lille , que les deniers du prix des héritages des non Bourgeois, vendus à Bourgeois, franc argent, ne font fujets au droit d'Efcas, fuivant le réglement fur ce édicté ; mais que l'action du fermier ne peut feulement être dirigée qu'à la charge de l'acheteur, contre lequel feul elle eft ouverte en vertu dudit réglement; & fur ce pied a été réformée la Sentence des Echevins de Lille, qui avoient adjugé ledit droit fur les deniers nantis, fauf aux exécuteurs leur recours contre qui il appartiendroit.

XXXVIII.

LE 17 Mai 1677, jugé en la caufe de Jean-Baptifte de Montmorency, contre le Sr. Marivoorde, que les héritiers d'un tuteur ne font tenus ni pourfuivables pour les fimples négligences & omiffions d'icelui, *nifi in latam culpam tranfeant, juxta,* L. 1, *cod. de hæred. tut.* en confirmant la Sentence rendue par le Magiftrat de Furnes.

XXXIX.

LE 18 du même mois, jugé en la caufe d'appel d'entre Pierre Payen, Bourgeois, par achat, de Lille, Appellant des Mayeur & Echevins de la même Ville, & les Fermiers du droit d'Efcas, Intimés, que le demi droit prétendu à la charge dudit Payen, à raifon de la fucceffion d'Hubert Payen, fon père, auffi Bourgeois par achat, étoit dû en confirmant la Sentence *à qua,* enfuite de la réfolution prife ès deux Chambres, qui a porté que la réfolution du Magiftrat de Lille, de l'an 1591, par laquelle les Bourgeois par achat étant admis à bourgeoifie, s'obligent de payer la moitié du droit d'Efcas, de toutes fucceffions qui adviendroient de Bourgeois, avoit lieu indiftinctement, foit que ces fucceffions advinffent de Bourgeois originaires, ou de Bourgeois par achat, d'autant que les uns & les autres font également Bourgeois dans le fond.

X L.

LE même jour fut auffi jugé par l'avis des deux Chambres, en l'autre caufe d'appel interjeté defdits Mayeur & Echevins de Lille, par Allard Loth & Françoife Payen fa femme, que droit d'Efcas n'étoit dû en vertu de la réfolution fufdite de l'an 1591, pour la succession advenue à ladite Françoise, par la mort d'Hubert Payen, ci-dessus mentionnée, attendu que l'effet d'icelle résolution étoit restreint à la personne du Bourgeois par achat, qui s'oblige au paiement du demi droit d'Escas pour les successions qui lui adviendront de Bourgeois, & non de celles qui pourroient advenir à la femme de semblable Bourgeois.

X L I.

JUGÉ qu'un Défendeur doit être condamné ès dépens vers le Demandeur qui a prouvé partie de sa demande, & non le tout quand le Défendeur n'a rien offert, *quia qui petit totum, & quamlibet ejus partem petere videtur; quia in majori summâ inest minor.* nonobstant le chap. *unic. de plus petit.* qui n'est plus en usage, suivant Papon, en ses Arrêts, liv. 18, *des dépens*, art. 5.

NOTA. Toutefois que cette décision n'a lieu au Pays de Hainaut, d'autant que selon les Chartres, chap. 111, art. 1, quand la demande excède le quart ou plus de la somme adjugée, le Demandeur doit les dépens à proportion de l'excès de sa demande, dont il sera renvoyé, & ce avec les intérêts qu'il pourroit avoir causé au Défendeur par emprisonnement ou autrement.

X L I I.

JUGÉ qu'un Défendeur qui a plaidé d'abord à juste cause, s'il s'en déporte si-tôt qu'il reconnoît le non fondement de son opposition, doit être déchargé des dépens, mais s'il persiste en cause, il doit tous les dépens, comme s'il avoit été tout le temps de mauvaise foi; Arg. *textus in* L. 2, §. *circa,* ff. *de except. dol.* Papon, au même tit. *des dépens*, art. 6.

X L I I I.

JUGÉ que celui qui a occupé en sa propre cause comme

Avocat, peut légitimement faire taxer ſes honoraires en cas de gain de cauſe, comme s'il avoit été ſervi par un autre Avocat; parce qu'en travaillant en ſa propre cauſe, il n'a pu vaquer à celles étrangères, & que d'ailleurs il importe peu à la partie condamnée par qui ſon adverſaire a été défendu, laquelle même ne ſeroit empêchée de prendre la taxe des vacations, que ſes Avocats ou Procureurs pourroient lui avoir remis, d'autant qu'elle leur en a obligation, & que cette gratification n'eſt communicable s'il ne veut, *tradit in ſimili Areſto judicatum* Papon, dict. tit. Arr. 14.

X L I V. (*)

JUGÉ en Mai 1678, en la cauſe du Sr. Henri Lefevre Delattre, Demandeur ſur maintenue contre l'Abbé d'Anchin & ſes Religieux, Défendeurs, qu'un Bailli & Receveur établi ſur le pied de commiſſion, révocable *ad libitum*, ou juſqu'au rappel, comme étoit ledit Lefevre, étant remercié de ſon office après quelques années de ſervice, n'eſt fondé de ſe pourvoir en maintenue contre ſes maîtres, comme ceux qui ſont pourvus à titre onéreux de ſervices rendus, ou pour autres cauſes exprimées en leurs commiſſions, vu qu'à l'égard de ces derniers *collatio habet ſpeciem contractûs à quo, parte invitâ, recedi non poteſt.*

X L V.

JUGÉ le même jour que celui des cohéritiers qui affecte par hypothéque ſa part & contingent en pluſieurs parties d'héritages, poſſédés par *indivis*, & depuis fait partage, n'eſt cenſé avoir affecté autre part eſdits héritages, que celle qui lui eſt échue en ſon lot, de toutes les parties affectées, à concurrence de ſa part en icelle, ſi avant qu'il n'y a fraude au partage, & que le créancier hypothécaire n'en ſouffre une véritable perte, comme il ne ſouffre pas, quand après

---

l'appréciation faite de plufieurs parties, fur lefquelles
l'hypothéque s'étend, il lui eft affigné une partie équiva-
lente pour fa quote-part; mais qu'il en va autrement quand
l'on affecte un héritage particulier commun entre plufieurs,
car en ce cas il n'eft pas loifible de le partager, & affigner
les bornes du partage de chacun des parchonniers, fans l'intervention & confentement des créanciers, de celui qui a
affecté fa part; *ut benè* Louet, en fon Recueil d'Arrêts,
Lett. H. n. 2, Ann. Robert. *rerum judicat. lib. 3, cap.
ult. & alii.*

X L V I. (*)

LE 21 Novembre 1678, il fut arrêté, les Chambres
affemblées, qu'en cas de confrontation des témoins aux accufés, ceux-ci devront, fur l'interrogatoire à faire avant la
confrontation, déclarer s'ils ont des reproches à donner contre les témoins qu'on veut leur confronter, au cas qu'ils foient
connus, & que les reproches devront être couchés par écrit,
pour après confrontation délibérer s'il y a lieu d'admettre
la preuve des reproches donnés, puifque les reproches font
une partie de la juftification ou expurgation du fait dont on
eft accufé, & fi les témoins ne font connus, en ce cas les
accufés peuvent protefter de reproches au cas qu'ils en viennent à connoiffance.

X L V I I.

LE 23 du même mois, jugé au rapport du Confeiller
Muyffart, qu'une faifie faite à Lille entre les mains des Bailli
& Gens de Loi de Templemars, de certains fiefs & héri-
tages mouvans dudit Templemars, n'affectoit pas lefdits fiefs &

(*) On a pourvu à ce cas par le Code criminel de 1679.

Nota. Cette date n'eft pas une faute; l'Ordonnance criminelle de 1670, n'ayant été envoyée
au Parlement qu'en 1679, par Lettres du mois de Mars, & enrégiftrée par Arrêt du 10
Avril 1679. Voyez Desjaunaux, Hiftoire du Parlement de Flandres, pag. 52.

héritages, comme faite induement, en tant que lesdits Gens de Loi s'y trouvant, ne faisoient à réputer en ce lieu pour Officiers de Justice, mais personnes privées, & que comme tels on ne pouvoit faire entre leurs mains les défenses de ne recevoir aucunes œuvres de Loi de déshéritance & adhéritance, puisqu'ils n'étoient capables d'en faire audit lieu, n'ayant d'ailleurs apparu du nom des Bailli, Lieutenant & Gens de Loi, ès mains desquels la saisie prétendue avoit été faite, parce que l'exploit n'en faisoit pas mention spécifique, non plus qu'il y auroit eu sommation précédemment faite au condamné.

OBSERVEZ qu'il a paru en ce procès, par les dépositions des témoins, y ouis en turbe, tous Praticiens du Conseil en Flandres, qu'il suffit, pour la validité d'une saisie, de bailler, par l'Huissier exploiteur, un mémoire aux Bailli & Gens de Loi, ou autre corps de Justice, d'avoir saisi entre leurs mains, avec défenses *in formâ*.

XLVIII.

LE 21 Novembre 1678, a été arrêté au Conseil, après avoir consulté les deux Chambres, que le Placard de l'an 1540, touchant la prescription biennale des honoraires d'Avocats, salaires de Procureurs, & autres y dénommés, ne doit pas comprendre les honoraires dûs aux Conseillers de la Cour, pour vacations en leurs qualités : la dispute étant mue entre la Dame de Flines, veuve du Sr. Procureur-général de ce nom, & le Sr. de Peteghem, débiteur de certains honoraires pour vacations dudit Sr. Procureur-général.

XLIX.

JUGÉ audit mois de Novembre 1678, au rapport du Conseiller Cordouan, en la cause du Curé du Moustier, Demandeur en matière de portion congrue contre l'Abbé d'Anchin, que la Paroisse étant fort modique & de quatre cens com-

munians ſeulement, on ne devoit pas prendre égard aux accidens, à effet de les imputer en ladite portion, non plus
même aux obits & anniverſaires, qui portoient quarante-
ſept livres, mais qu'il convenoit lui accorder cette portion
en gros fruits, & ſuppléer en argent à proportion de cent
écus par an, ſuivant la taxe faite en 1666, par M. Ne-
mius, Archevêque de Cambrai, pour le Pays de Hainaut,
renouvellée par M. l'Archevêque Jouart, ſon ſucceſſeur, en
l'an 1672, & confirmée en 1675 par le Conſeil privé du
Roi Catholique à Bruxelles ; dans leſquels cent écus ne ſont
comptés les accidens ; ſuivant quoi, comme on a trouvé
que les gros fruits de cette Cure ne montoient qu'à cent
quarante-ſept florins, on lui a accordé ſupplément de quatre-
vingt-treize florins, pour faire les cent écus.

L.

Il fut après porté un Arrêt au rapport du même Conſeiller, en la cauſe du Curé de Freſne, auſſi Demandeur
en portion congrue contre ledit Abbé d'Anchin, dans lequel fut ſuivi le même plan pour la taxe de ladite portion,
ſauf qu'on a eu égard aux accidens fixés des obits & anniverſaires, portant annuellement cent ſoixante-neuf livres,
& aux émolumens qu'il pouvoit percevoir des caſuels, à cauſe
du grand nombre de Paroiſſiens, tels que de douze à treize
cens, enſorte que comme les gros fruits de ſa Cure portoient cent cinquante-ſept florins dix patars, on ne lui a
accordé ſupplément qu'à proportion de trente-ſix florins,
faiſant avec leſdits cent cinquante-ſept florins, cent quatre-
vingt-treize florins dix patars, imputant leſdits accidens pour
le ſurplus de la portion, à concurrence de cent écus, taxés
comme dit eſt.

L I.

Le 16 Septembre 1679, jugé au rapport du Conſeiller de
Polinchove, en la cauſe de Charlotte Dupuich, contre le Sr.
Remy

Remy de Douay, que le legs fait à ladite Dupuich, par N. son maître, de cinquante florins de rente viagère, étoit valable, quoique sa disposition, dans laquelle ledit legs étoit contenu, ait été déclarée nulle par Arrêt de Malines, parce que les Auditeurs qui l'avoient signé, n'avoient assisté ensemble au passement de l'acte, & ce à raison que les solemnités de droit cessent, *in legatis ad pias causas, ad quorum validitatem sufficit solemnitas juris naturalis gentium, scilicet præsentiâ duorum testium qui subscripserunt*, comme il y avoit au cas offert pardessus lesdits témoins.

L I I.

JUGÉ le 18 dudit mois, au rapport du même Conseiller, en la cause d'entre N. François, fermier du droit d'Escas à Furnes, Appellant de la Sentence du Magistrat dudit Furnes, & le nommé Scepman, Intimé, que pour prétendre par l'Appellant le droit d'issue à la charge dudit Scepman comme il le prétendoit, il devoit prouver qu'il n'étoit Bourgeois, mais étranger de Furnes, sans qu'il auroit suffit d'employer la force de la négative, fondée sur ce que la Bourgeoisie est une qualité accidentelle, *quæ adesse ... præsumitur, sed probari debet, quia est facti*, la raison étant que de Droit *qui fundat intentionem suam super re aliquâ, illam probare debet, nec eo casu juvatur præsumptione dictâ*, laquelle pouvoit d'autant moins opérer au cas offert, que ledit Scepman avoit prouvé, quoique non astreint, que son père a été qualifié Bourgeois, en faisant le partage des biens du grand-père, d'où le fils a été en possession de la Bourgeoisie de son père, *quippe quæ in liberos descendit*, joint qu'il est apparu par titre que sa mère étoit fille de Bourgeois, & que s'alliant avec le père dudit Scepman, il n'est pas apparu qu'il y auroit droit d'issue payé, qui est une marque de plus de la Bourgeoisie de son mari.

L I I I.

JUGÉ que la Sentence rendue en matière d'injures par la

quelle l'injuriant fut condamné à rétracter les injures, n'infamoit pas, & ensuite que le condamné n'étoit point par ce moyen rendu incapable d'Offices, *quia moribus nostris nulla judicia civilia famosa sunt, & non tàm ex causâ, quàm ex genere pœnæ infamia irrogatur*; Zyp. *de not. jur. Belg. tit. ex quibus causf. infam. irrog.* Anton. Faber, *in suo cod. Late* Loiseau, traité des Offices, liv. 1, chap. 13, n. 50 & suiv. Argent. *ad consf. Brit.* art. 259, glosf. 1, n. 7, & art. 274, *in princ.* n. 12 & 13 ; Groeneweg. *de pœn. tem. litig.* §. 20 ; Ann. Robert. *rer. jud. lib.* 4, *cap.* 22 ; Ant. Math. *de criminibus, lib.* 48, *tit.* 18, *cap.* 3, *n.* 1.

L I V.

Le 8 Juillet 1681, fut arrêté, les deux Chambres consultées, que le séquestre établi aux biens, mis en décret ou autrement étant hors de la possession du propriétaire, ne fait préjudice aux hypothécaires ni avantage aux créanciers simples, à effet de leur attribuer leur contingent des deniers provenans des biens séquestrés, par concurrence & au sol la livre avec les hypothécaires, mais que ceux-ci les doivent préaler, chacun selon la date de son hypothéque, comme ils préaleroient pour leurs capitaux entiers, & les cours de leurs rentes, en cas de vente desdits biens, & que la distribution des deniers en fut faite.

L V.

Le 12 Septembre 1681, jugé en la première Chambre, au rapport du Conseiller Mondet, qu'un acheteur de bonne foi d'aucuns héritages hypothéqués à quelque rente héritière, qui n'étoit pas de sa connoissance, pouvoit aller quitte en abandonnant l'héritage acheté sans charge de rente, en rendant les fruits perçus, ou qu'il a pu percevoir depuis la contestation en cause, si mieux il n'aimoit de payer les arrérages de la rente depuis ladite contestation, au lieu des fruits des héritages.

L V I.

Jugé qu'une mise de fait intentée pardevant les Mayeur & Echevins de Lille, pour sureté de quelque dû sans l'avoir fait signifier au Prévôt, ou Lieutenant dudit Lille en spécial, étoit défectueuse & sans effet, en réformant la Sentence rendue par lesdits Mayeur & Echevins, au profit des tuteurs de Pierre-Louis-Joseph Jacops, au préjudice de Gilles Grignon, créancier ayant hypothéque postérieure à ladite mise de fait sur les biens, sur lesquels elle avoit été exploitée ; si bien qu'en vertu de l'Arrêt rendu, ledit Grignon a été préféré à la prétendue hypothéque desdits tuteurs, qu'ils soutenoient avoir acquis en conséquence de ladite mise de fait, & à raison de laquelle ils auroient été mis en ordre prieur audit Grignon sur les deniers procédans de la vente faite du fond hypothéqué.

Vu au Conseil Souverain de Tournai, le procés entre Gilles Grignon, Appellant d'une part, les Mayeur & Echevins de la Ville de Lille appellés, Henri Robert & Martin Jacops, tuteurs de Pierre-Louis-Joseph Jacops, Intimés, d'autre part : tout considéré, & oui le Procureur-général du Roi, la Cour faisant droit par son Jugement & Arrêt, a dit mal avoir été jugé & bien appellé ; émendant, déclare les exploits de mise de fait, en conséquence desquels les Intimés ont été mis en ordre prieur à l'Appellant, par l'ordonnance des deniers en question, défectueux & de nulle valeur, en conséquence réformant ladite Sentence, a adjugé & adjuge à l'Appellant la préférence par lui prétendue sur lesdits deniers pour les arrérages & le capital de la rente mentionnée au procés ; condamne les Appellés en l'amende de fol Juge, & lesdits Intimés, en leurs qualités, aux intérêts depuis la demande en faite par l'Appellant, à l'avenant du denier seize, & aux dépens des deux instances, la taxe réservée. (*)

____

[*] Copié d'après l'Arrêt écrit de la main de Mr. de Blye, sur une feuille volante, sur laquelle il a écrit son nom.

LVII.

Jugé en Mai 1684, au rapport de M.^r le Conseiller Hendryck, en la caufe des Pères Minimes de Lille, Demandeurs fur exécution d'une rente créée en Artois, en l'an 1621, par N. Willemé, contre Joffe Willemé, habitant d'Haubourdin, fils & héritier de l'obligé, Appellant de la Sentence rendue au fiége de la Gouvernance de Lille ; qu'icelui Willemé avoit été bien condamné par ladite Sentence, de payer les arrérages d'icelle rente, en monnoie ayant cours en la Châtellenie de Lille , nonobftant la conftitution en faite au pays & en monnoie d'Artois ; & que depuis le changement d'Etat, par la réduction de la ville d'Arras fous la domination du Roi, la monnoie courfable y foit hauffée d'un cinquième, & pourquoi ladite Sentence fut confirmée avec dépens : la raifon fondamentale de cette décifion , ayant été appuyée fur la maxime de Droit, dictant que les parties en conftituant quelque rente , ne font point convenues particulièrement en quelle monnoie la rente feroit payable , fi c'eft en celle du lieu où le contrat s'eft paffé ou autre , & à quelle valeur il faut avoir égard au lieu où elles ont contracté , & au prix que la monnoie y avoit cours au temps du contrat, par *text. in* L. *femper in ftipulationibus* , ff. *de reg. jur. quia contrahentes non confentur cogitaffe ad aliam monetam quàm de eâ quæ in loco celebrati contractus vigebat , adeoquè fecundum eam fe regulaffe , juxta* L. *quod fi nolit.* §. *quia affiduâ* , ff. *de ædilit. edict. facit quod confuetudo loci contractûs infpicienda fit* : *text. in* L. *fi fundus* , ff. *de evict.* Or, étoit-il qu'au temps de la création de la rente en queftion, la monnoie avoit cours au pays d'Artois , au même prix qu'elle a continué de l'avoir jufqu'à préfent dans ce pays ; & par conféquent il y avoit obligation de payer ladite rente en femblable monnoie courfable ; autrement & fi avant que l'obligé devroit paffer en payant icelle fur le pied du cours que la monnoie a au pays d'Artois, il payeroit un cinquième moins que fon véritable dû , ce qui feroit contre tout droit & raifon , *creditor enim debet effe indemnis , & tantùm recipere, quantùm dedit. Latè super hâc materim Everhard. conf. 78, per totum; Wamef. cent. 5, conf. civil. conf. 65, & regula eft quod pecuniæ debitæ eadem femper æftimatio reddi debet, ut falvetur juftitia. Raguel. ad decif. Jufti. lib. 4, L. 16, §. fuper. cod. de ufur. fol. 249.*

» *Certa enim effe debet obligatio, non poteft autem*
» *effe certa nifi æftimatio pecuniæ in ftipulationem deductæ*
» *fiat per relationem ad tempus contractûs, aliàs contigeret*
» *quod effet major vel minor prout extrinfecùs valor pecuniæ*
» *varriaret, Molin. de mut. mon. quæft. 92, n. 11, &*
» *alibi.* » (*)

Nota. La même queftion 57, fe trouve ainfi rédigée fur un papier volant, écrit de la main de Mr. de Blye.

Copie d'une feuille volante écrite de la main de Mr. DE BLYE, qui fe trouve dans le Recueil ci-deffus.

Jugé en 1686, en la première Chambre, au rapport du Confeiller Cordouan, en la caufe des Manans de Wevelghem, contre les Doyen & Chapitre d'Harlebecque, Décimateurs; que les Doyen & Chapitre en cette qualité n'étoient pas feulement tenus à la réparation du chœur, mais auffi de la nef de l'Eglife paröiffiale dudit lieu, où ils perçoivent les dîmes; mais comme il y avoit encore d'autres Décimateurs, qu'ils n'étoient point tenus ni pourfuivables, *in folidum, fed pro ratâ*, de leurs dîmes, à fournir auxdites réparations, en payant deux années effectives de leurs revenus annuels defdites dîmes en fix termes: favoir, un tiers chaque année, à compter depuis la venue en Cour.

(*) Voyez l'Arrêt CXX, du tome premier de ce Recueil, pag. 473.

F I N.

ARRÊTÉS

DU

CONSEIL SOUVERAIN

DE TOURNAI,

RECUEILLIS

PAR M. DE BLYE, PREMIER PRESIDENT.

ARRÊTÉS

DU
CONSEIL SOUVERAIN
DE TOURNAI,

Sur différens articles de l'Ordonnance Criminelle
du mois d'Août 1670,

RECUEILLIS

PAR M. LE PREMIER PRÉSIDENT DE BLYÆ.

A LILLE, chez J. B. HENRY.

Avec Approbation & Privilége du Roi.

ARRÉTÉS
SUR DIFFÉRENS ARTICLES
DE
L'ORDONNANCE CRIMINELLE,
Du mois d'Août 1670. (*)

TITRE VI,
Des Informations,
ARTICLE V.

LEs témoins prêteront serment, & seront enquis de leur nom, surnom, âge, qualité, demeure, & *s'ils sont serviteurs ou domestiques, parens ou alliés des parties*, & en quel degré ; & du tout sera fait mention, à peine de nullité de la déposition, & des dépens, dommages & intérêts des parties contre le Juge.

LE 17 Mai 1680, résolu, les Chambres ouïes, qu'il ne suffit pas au témoin de dire qu'il n'est parent ni allié de l'accusé, domestique, ni serviteur d'icelui, mais qu'il doit dire qu'il n'est parent ni allié des parties, prenant pour partie le Demandeur à cause d'office, quand il n'y a point partie civile, & à défaut de cette expression il y a nullité,

____

(*) Cette Ordonnance a été enrégistrée au Conseil souverain de Tournai, le 10 Avril 1679,

ARTICLE XII.

AUCUNE interligne ne pourra être faite, & sera tenu le Greffier faire *approuver les ratures, & signer les renvois* par le témoin & par le Juge, sous les mêmes peines.

LE 16 Juillet 1681, fut arrêté, les Chambres sur ce consultées, qu'il suffit en satisfaction au contenu de cet article, que les témoins approuvent les ratures en termes exprès au bas de leurs dépositions, & qu'ils signent leur approbation, jointement leur déposition, avec le Juge & le Greffier, lesquels par leurs signatures sont censés approuver de leur part les mêmes ratures, & quant aux renvois il faut les approuver en marge des endroits où ils sont faits.

TITRE XV,

Des recolemens & confrontations des Témoins.

ARTICLE I.

SI l'accusation mérite d'être instruite, le Juge ordonnera que les témoins ouis ès informations, & autres qui pourront être ouis de nouveau, seront recolés en leurs dépositions, *& si besoin est, confrontés à l'Accusé*; & pour cet effet assignés dans un délai compétent, suivant la distance des lieux, la qualité des personnes, & de la matière.

IL paroît de cet article, que la confrontation des témoins n'est pas ordonnée comme absolument nécessaire dans tous le cas où il y a recolement de témoins, mais qu'il dépend de l'arbitrage du Juge de la pratiquer ou de l'omettre, selon la qualité & l'exigence du cas.

ARTICLE III.

NE pourra être procédé au recolement des témoins, qu'il n'ait été ordonné par jugement. Pourront néanmoins les témoins fort âgés, malades, valétudinaires, prêts à faire voyage, ou pour quelque autre urgente néceffité, être reperés avant qu'il y ait aucun jugement qui l'ordonne ; & ne vaudra la répétition du témoin pour *confrontation* contre le contumax , qu'après qu'il aura été ainfi ordonné par le jugement de défaut de contumace.

D'APRÈS le contenu en cet article , il a été arrêté le 9 Juillet 1681 , les Chambres confultées , de ne point pratiquer la confrontation des témoins dans les cas où il n'échet pas de peine afflictive , le Confeiller Vifart ayant pour ce été envoyé de la deuxième Chambre à la première.

TITRE XVI,

Des Lettres d'abolition , &c.

ARTICLE XXI.

LEs Demandeurs en Lettres d'abolition , rémiffion & pardon , feront tenus de les préfenter à l'Audience tête nue & à genoux, & affirmeront , après qu'elles auront été lues en leur préfence , qu'elles contiennent vérité , qu'ils ont donné charge de les obtenir , & qu'ils s'en veulent fervir: après quoi feront renvoyés en prifon.

RÉSOLU que l'on procédera fur le fait des Lettres mentionnées en cet article , en nombre des gens du Confeil qui eft requis par l'Ordonnance du Roi , en matières civiles.

ARTICLE XXII.

NOS Procureurs, & la partie civile, s'il y en a, pourront nonobftant la préfentation des Lettres de rémiffion & pardon, *informer par addition* , & faire recoler & confronter les témoins.

CET article doit être entendu dans le cas où il y auroit oppofition de la part de la partie civile, ou du Procureur-général , à l'entérinement des Lettres , & qu'ils les voudroient arguer de fubreption ou obreption, & qu'enfuite il échéroit d'inftruire le procès extraordinairement comme en matière purement criminelle.

TITRE XVII,

Des défauts & contumaces.

ARTICLE XVI.

LES feules condamnations de mort naturelle feront *exé-cutées* par effigie; & celles des galères, amende hono-rable; banniffement perpétuel, flétriffure & du fouet, écrites feulement dans un tableau fans aucune effigie: & feront les effigies, comme auffi les tableaux, attachés dans la place pu-blique: & toutes les autres condamnations par contumace feront feulement fignifiées, baillé copie au domicile ou réfi-dence du condamné, fi aucune il a dans le lieu de la Jurif-diction: finon affichées à la porte de l'Auditoire.

SUR la difficulté préfentée à la Cour par les Gens de Loi du Bourg de Rou-baix, fi dans le cas qu'ils avoient condamné aux galères perpétuelles certaine perfonne par contumace, après les défauts duement obtenus, la Sentence devoit être confirmée par la Cour avant qu'elle put fortir fon effet,

℟. A été réfolu le 18 Janvier 1681, après avoir confulté les deux Chambres, que cette Sentence n'avoit befoin de confirmation, & qu'elle pouvoit être exécutée en la forme portée en l'article 16, de ce titre, d'autant que le code ne difpofe point fur le cas propofé *adeoquè relictus eft difpofitioni juris*, felon laquelle les Sentences s'exécutent quand il n'y a pas d'appel, *Voyez l'arrêté fur l'article 29.*

ARTICLE XXIX.

CELUI qui aura été condamné par contumace à mort, aux galères perpétuelles, ou qui aura été banni à perpétuité du Royaume, qui décédera après les cinq années fans s'être re-préfenté, ou avoir été conftitué prifonnier, *fera réputé mort civilement du jout de l'exécution de la Sentence de contumace.*

ARRÊTÉ, les Chambres affemblées, que les Sentences de mort, de galères & autres, portant peine afflictive, doivent fe mettre à exécution quand elles font rendues par contumace, fans qu'il faille les faire préalablement confirmer par le Conſeil ; & ce à raiſon que le contumax eſt libre de venir ſe purger, & qu'il doit s'imputer la faute s'il ſubit infamie par l'exécution de la Sentence contre lui rendue, ſoit en effigie ou autrement, comme il eſt porté ès articles de ce faiſant mention. *Voyez la notice ci-deſſus, tenue ſur le même ſujet, article 16.*

TITRE XIX,

Des jugemens, &c. de queſtion & torture.

ARTICLE II.

LEs Juges pourront auſſi arrêter, que nonobſtant la condamnation à la queſtion, *les preuves ſubſiſteront en leur entier*, pour pouvoir condamner l'Accuſé à toutes ſortes de peines pécuniaires ou afflictives ; excepté toutefois celle de mort, à laquelle l'Accuſé qui aura ſouffert la queſtion ſans rien avouer, ne pourra être condamné, ſi ce n'eſt qu'il ſurvienne de nouvelles preuves depuis la queſtion.

LE 25 Janvier 1680, fut réſolu, les Chambres aſſemblées, en la cauſe criminelle de Jeanne Duqueſne de Ruboncourt, accuſée de ſorcellerie, Appellante de la Sentence contre elle rendue par le Juge du lieu, à la Requête du Procureur d'office, portant banniſſement perpétuel, nonobſtant qu'elle eut purgé la queſtion, à laquelle elle avoit été appliquée par Ordonnance dudit Juge, confirmée en cette Cour, & qu'il n'y eut réſerve faite des preuves, que ladite Sentence faiſoit à réformer, & ladite Duqueſne à renvoyer abſoute des fins & concluſions dudit Procureur d'office, à tel effet qu'on ne puiſſe ci-après ſe prévaloir contre elle du réſultat dudit Procès, non plus que s'il n'avoit été intenté, mais que cette purge, qui n'étoit que péremptoire, n'empêcheroit pas qu'on ne puiſſe ci-après intenter un nouveau procès contre ladite Duqueſne au ſujet dudit crime de ſorcellerie, au cas qne l'on trouvât de nouvelles preuves pour la convaincre de l'avoir commis, parce qu'elle n'avoit pas vérifié ſon innocence, mais avoit ſeulement purgé les indices qui la faiſoient préſumer coupable, & que la vérité du crime imputé peut ſubſiſter avec la purge deſdits indices, & que ſelon ce, on ſe réglera à l'avenir dans les occurrences de ſemblables cas.

TITRE XX,

De la converſion de procès civils, en procès criminels, &c.

ARTICLE II.

EN inſtruiſant les procès ordinaires, ils pourront, s'il y
écheoit, décerner décret de priſe de corps, ou d'ajournement perſonnel, ſuivant la qualité de la preuve, & ordonner *l'inſtruction à l'extraordinaire.*

Le 7 Février 1681, ſur le doute propoſé, ſi dans un procès intenté
civilement, & converti en criminel, d'après les Enquêtes vues par le
Juge, il étoit requis pour lui donner ſon commencement, de faire les
informations ſelon les formes preſcrites par le Code criminel, ou s'il
ſuffiſoit de décerner priſe de corps, ou ajournement perſonnel ſur le
vu deſdites Enquêtes tenues ſuivant le ſtyle ordinaire en matière civile; & ce fait, procéder au recolement des témoins ouis en icelle
Enquête, avec obſervation des devoirs preſcrits en matière criminelle,
& ainſi parinſtruire le procès. Il a été réſolu, ſur le fondement du
preſcrit de cet article, que les enquêtes doivent tenir lieu d'information, & que ſur ce pied le procès devoit être parinſtruit ſelon le code
criminel, les deux Chambres ayant été ſur ce conſultées, le Conſeiller
Bruneau, rapporteur de la cauſe intentée contre le nommé Jacques Fla-
ment, Serrurier à Lille, accuſé de vol, dont il avoit prétendu réparation
civile contre ceux qui l'avoient ſur ce diffamé.

TITRE XXII,

De la manière de faire le procès au cadavre, &c.

ARTICLE IV.

Le Curateur pourra interjeter *appel de la Sentence* rendue
contre le cadavre ou la mémoire du défunt. Il pourra même
y être obligé par quelqu'un des parens, lequel en ce cas ſera
tenu d'avancer les frais.

Le 10 Janvier 1681, ſur Requête préſentée au Conſeil par le Magiſtrat de Tournai, pour ſavoir s'il leur étoit permis de mettre à exécution

cution une Sentence rendue contre le curateur au cadavre du nommé de N. s'étant empoifonné dans la prifon, parce qu'il n'y avoit point d'appel interjeté par le curateur, ni par aucun autre au nom du défunt, il fut dit, les Chambres affemblées, après avoir oui le Procureur-général, que ladite Sentence pouvoit être exécutée.

Le même avoit été répondu précédemment fur un pareil cas, au doute propofé par les Mayeur & Echevins de Lille.

TITRE XXV,

Des Sentences, Jugemens & Arrêts.

ARTICLE X.

AUx procès qui feront jugés à la charge de l'appel par les Juges Royaux, ou ceux des Seigneurs, efquels il y aura des conclufions à peine afflictive, affifteront au moins trois Juges qui feront Officiers, fi tant il y en a dans le Siége, ou gradués; & fe transporteront au lieu où s'exerce la Juftice, fi l'Accufé eft prifonnier, & feront préfens au *dernier interrogatoire.*

Sur la difficulté mue fi l'accufé devoit être interrogé fur la fellette, qui eft le dernier interrogatoire, dont il eft fait mention en cet article, quand les conclufions du Procureur-général ne tendent pas à peine afflictive, il fut arrêté, les Chambres confultées, qu'il ne falloit point l'y interroger, néanmoins qu'on pourroit bien le faire, fi le Juge trouvoit la matière difpofée à peine afflictive, quoique les conclufions du Procureur-général ne s'étendiffent point jufques-là; le 2 Mai 1681.

ARTICLE XI.

Les Jugemens en dernier reffort fe donneront par *fept Juges au moins*; & fi ce nombre ne fe rencontre dans le Siége, ou fi quelques-uns des Officiers font abfens, récufés, ou s'abftiennent pour caufe jugée légitime par le Siége, il fera pris des Gradués.

Tome II.   F ff

Sur le douté propofé aux deux Chambres, le 18 Juillet 1681, fi dans le cas où il s'agit de réparation d'injures & de palinodie, il falloit que le Jugement fut porté par fept Juges, quand le procès étoit inftruit extraordinairement par information, interrogatoire & recollement des témoins, il fut arrêté que l'Ordonnance étoit conçue en termes généraux, fans diftinction des cas, où il échoit peine afflictive ou non, qu'il falloit l'entendre généralement, mais que pour en éviter l'obfervation, il ne falloit point régulièrement parlant, intenter les caufes d'injures par la voie extraordinaire, mais ordinaire d'ajournement fimple ou autrement.

Sur la difficulté préfentée aux deux Chambres, fi les Jugemens d'inftruction des procès criminels intentés au Confeil, devoient être faits pardevant fept Juges, comme il eft ordonné en l'art. 11 de ce titre, que *les Jugemens définitifs en dernier reffort fe donneront par fept Juges au moins*; fut réfolu, oui le Procureur-général, que lefdits Jugemens d'inftruction ne requièrent pas la préfence de fept Juges, mais que le nombre ordinaire de l'une ou l'autre des Chambres doit fuffire; fait le 7 Octobre 1681.

ARTICLE XX.

Voulons que ce qui a été ordonné pour *les dépens* en matière civile, foit exécuté en matière criminelle.

Le 25 Janvier 1680, fut convenu, les Chambres affemblées, que cet article devoit être entendu avoir lieu quand il y a partie civile en matière criminelle, auquel cas celui qui fuccombe fait à condamner ès dépens, comme porte l'article premier du Code civil, mais qu'il ne pouvoit avoir lieu dans d'autres cas, parce qu'il s'enfuivroit que les Procureurs d'offices ou généraux, n'obtenant point en leurs conclufions, devroient les dépens, ce qui eft contre droit & raifon, n'étant pas tenus aux dépens en faifant les devoirs de leurs offices, *aliud fi effent in dolo.*

TITRE XXVI,

Des Appellations.

ARTICLE VI.

SI la Sentence rendue par le Juge des lieux, porte condamnation de peine corporelle, de galères, *de banniſſement* à perpétuité, ou d'amende honorable, ſoit qu'il y en ait appel ou non, l'accuſé & ſon procès ſeront envoyés enſemble, & ſûrement en nos Cours. Défendons aux Greffiers de les envoyer ſéparément, à peine d'interdiction, & de cinq cens livres d'amende.

L'ON peut inférer de cet article *a contrario ſenſu*, que quand il ne s'agit point de peine corporelle, de mort, ou autres peines afflictives du corps, ni des galères, ou banniſſement perpétuel, l'accuſé ne doit être amené au Conſeil qu'au cas qu'il appelle de la Sentence.

CEPENDANT en l'art. 9, titre 25 *des Sentences*, &c. ci-deſſus, il eſt diſpoſé qu'*aucun procès ne pourra être jugé de relevée, ſi nos Procureurs, ou ceux des Seigneurs, y ont pris concluſions à mort, ou s'il y échoit une peine de mort naturelle ou civile de galères*, ou banniſſement à temps.

D'OU on infère que le banniſſement à temps eſt réglé comme le cas de mort, & autres portant peine afflictive, & il ſemble qu'il y auroit lieu de ſoutenir, que quand l'accuſé eſt banni à temps par la Sentence du premier Juge, il devroit être également envoyé avec ſon procès à la Cour, ſoit qu'il appelle ou non.

NE ſoit qu'on voulut dire qu'il y auroit quelque erreur gliſſée dans le diſpoſitif dudit art. 9, en ce qu'il y eſt fait mention d'un banniſſement à temps, au lieu du banniſſement perpétuel.

ET pour ſoutenir y avoir erreur, l'on peut faire réflexion ſur le diſpoſitif de l'art. 13 dudit titre *des Sentences*, qui porte *après la peine de mort naturelle, la plus rigoureuſe eſt celle de la queſtion , avec la réſerve des preuves en leur entier, des galères perpétuelles, ou banniſſement perpétuel ; de la queſtion ſans réſerve des preuves, des galères à temps, de l'amende honorable, ou du banniſſement à temps.*

CAR le banniſſement à temps eſt placé après l'amende honorable, & ainſi l'art. 6 ſuſdit *des Appellations*, n'ayant fait mention que de l'amende honorable, comme le dernier cas pour lequel les Procureurs doivent appeller, quoique le condamné n'appelleroit point, il s'enſuit que le banniſſement à temps n'eſt point conſidéré comme une peine conſidérable, & dont le Jugement devoit être fait de relevée ſeulement, ſans qu'on puiſſe tirer le contraire du diſpoſitif de l'art. 11, dudit titre *des Appellations*, portant que *ſi la Sentence, dont eſt appel, n'ordonne pas de peine afflictive, banniſſement, ou amende honorable, & qu'il n'y ait appel par nos Procureurs, ou ceux des Seigneurs, ... le procès ſera envoyé* ſeulement.

CAR ce diſpoſitif étant purement adverſatif & relatif à celui dudit art. 6 ci-deſſus, il doit être entendu conformément à icelui, & enſuite le banniſſement énoncé ſimplement audit art. 11, ne peut être autrement entendu que du banniſſement perpétuel, mentionné art. 6.

ET ſuivant ce ſentiment l'on tient communément au Conſeil que les bannis à temps, ne doivent pas être repréſentés à la Cour, à moins qu'ils appellent de la Sentence du banniſſement, ou que les Procureurs du Roi ſe portent pour Appellans *à minimâ*, & ainſi ſe pratique par les Juges inférieurs, après avoir appris le ſentiment de la Cour ſur ce ſujet.

A R T I C L E   X I.

SI la Sentence dont eſt appel, n'ordonne point de peine afflictive, *banniſſement, ou amende honorable*, & qu'il n'y en ait appel interjeté par nos Procureurs ou ceux des Juſtices Seigneuriales, mais ſeulement par les parties civiles ; le procès ſera envoyé au Greffe de nos Cours, par le Greffier du premier Juge, trois jours après le commandement qui lui en ſera fait, s'il eſt demeurant dans le lieu de l'établiſſement de nos Cours ; dans la huitaine, s'il eſt hors du lieu, ou dans la diſtance de dix lieues : & s'il eſt plus éloigné, le délai ſera augmenté d'un jour pour dix lieues ; à peine

d'interdiction contre le Greffier, & de cinq cens livres d'a-
mende : & les délais & procédures prefcrites par notre
Ordonnance du mois d'Avril 1667, feront obfervées pour
les préfentations.

PAR cet article il fe reconnoît que le banniffement & l'amende honorable font diftingués des peines afflictives du corps, mentionnées
dans plufieurs articles du Code, favoir, celle de mort, de queftion
avec réferve des preuves, des galères perpétuelles, de queftion fans
réferve, de galères à temps & du fouet, & ainfi que l'expofition à la
vergoigne ou fur un échafaud, ordonnée par fentence, s'il n'y a appel,
doit être exécutée par le Juge du lieu qui a rendu la Sentence.

ARTICLE XVI.

SI les Arrêts rendus fur l'appel d'une Sentence, portent
condamnation de peine afflictive, *les condamnés feront ren-*
voyés fur les lieux, fous bonne & fûre garde, aux frais
de ceux qui en font tenus, pour y être exécutés; s'il n'eft
autrement ordonné par nos Cours, pour des confidérations
particulières.

LE 9 Janvier 1680, fut réfolu, les Chambres affemblées, que
lorfque les Sentences des Juges du reffort, définitivement rendues,
emportant condamnation de peine afflictive, feront confirmées par la
Cour; les condamnés feront renvoyés avec leurs procès pour l'exécution d'icelles, fans néanmoins comprendre, entre les pièces du procès, les devoirs qui auront été faits par la Cour avant de porter fon
Arrêt; mais fi les Sentences font infirmées & redreffées, les pièces feront retenues, fauf aux Juges *à quibus*, à s'adreffer par Requête au
Confeil pour en avoir connoiffance, & telles copies qu'ils trouveront
avoir befoin.

SI les Arrêts font feulement confirmatifs des Sentences provifion-
nelles & préparatoires, en ce cas le procès envoyé, & tout ce qui
aura été fait par la Cour, fera remis aux Juges *à quibus*, afin qu'ils
puiffent en prendre des éclairciffemens pour la parinftruction du procès.

LE 21 Mars 1681, fut arrêté, les Chambres confultées, que les
Juges *à quibus* non Royaux, doivent payer les dépens de la caufe
d'appel, quand les Sentences font réformées par la Cour, foit pour
avoir condamné le coupable à plus grande peine que celle qu'il mé-
ritoit, foit pour l'avoir condamné à moindre peine que celle qui échéoit.

DEPUIS on a pris une résolution différente, (quoique celle du 21 Mars 1681 ait été exécutée en quelques procès d'appel) parce que l'on a jugé que par ce moyen les Officiers de Justice étoient traités plus rigoureusement en criminel qu'en civil, puisqu'en civil ils ne sont régulièrement chargés des dépens ; & néanmoins par l'art. 20, titre *des Sentences & Jugemens*, il est dit que l'on se réglera pour les dépens en matière criminelle, comme en matière civile : dans cette vue, & nonobstant la susdite résolution, on s'est abstenu de condamner les Juges ès dépens, quoique leur Sentence fût réformée, pour avoir condamné à peine plus ou moins grande que celle que le cas exigeoit.

F I N.

COMMENTAIRE
SUR QUELQUES ARTICLES
DES COUTUMES
DE LA SALLE,
BAILLIAGE ET CHATELLENIE
DE LILLE,

PAR M. LE PREMIER PRESIDENT DE BLYE.

COMMENTAIRE

SUR QUELQUES ARTICLES

DES COUTUMES

DE LA SALLE,

BAILLIAGE ET CHATELLENIE

DE LILLE,

Par M. le premier Préfident DE BLYE.

A LILLE, chez J. B. HENRY.

Avec Approbation & Privilège du Roi.

COMMENTAIRE

SUR QUELQUES ARTICLES

DES COUTUMES

DE LA SALLE,

BAILLIAGE ET CHATELLENIE

DE LILLE,

Par M. le premier Président DE BLYE.

TITRE

De la Jurisdiction, Droits, &c. des Hauts-Justiciers.

ARTICLE LIII.

POUR *donation* (1) de fiefs, maisons & héritages, faite en ligne directe, à titre de *mort-gage* (2) & sans décompte, *droit Seigneurial n'est dû.* (3)

Tome II.   Ggg ij

(1) DONATION, soit d'entre-vifs, ou par testament : *nam donationis appellatione continetur legatum*, L. *legatum*, ff. *de leg.* 2, joint que ledit mort-gage se peut donner, tant par don d'entre-vifs, *infra tit. des donat.* que par testament, *infra des testam.*

(2) MORT-GAGE, *id est mortuum pignus*, ainsi appellé, à cause que les fruits en provenans appartiennent à celui qui a le gage, sans être imputés au sort, ou somme principale, que le propriétaire lui doit fournir, contre la nature du gage, qui est telle que les fruits doivent appartenir au propriétaire, & être décomptés sur sort ; & pour ce sujet ledit gage est appellé MORT à l'égard du propriétaire, *tamquam proprietario perierit & inutile sit, donec summam declaratam solvat*, diciturque graecè *antichresis*.

(3) LA raison de cet article est parce que le droit de mort-gage est mobiliaire, & réputé pour meuble par la Coutume, titre *des meubles & immeubles,* art. 4, & que pour biens meubles on ne paie point DROIT SEIGNEURIAL ; mais si le droit de mort-gage se vendoit conjointement avec le fond & propriété, tellement que ce seroit une même vente, en ce cas étant par telle vente ledit droit de mort-gage éteint, l'on payeroit plein droit Seigneurial, tant dudit mort-gage, que de la propriété dudit fond, ni plus ni moins que quand on vend un fond, sur lequel il y a plusieurs bois montans, & autres réputés pour meubles, lesquels se vendent conjointement & par une même vente avec le fond : l'on paie droit Seigneurial desdits meubles, combien que s'ils étoient vendus à part, aucun droit Seigneurial ne seroit dû ; c'est la commune opinion des Praticiens de cette Ville. (Lille.)

TITRE

Des Successions.

ARTICLE XXXVIII.

TOUS héritages cotiers baillés à *mort-gage* (1), ou faculté de rachat, rachetés *par le vrai héritier* (2), sont à lui réputés *patrimoniaux* (3), & tiennent en succession la côte & ligne dont ils procédent.

(1) *VIDE quod dixi de mortuo pignore, ad. art.* 53, *tit.* des Hauts-Justiciers, *pag.* 420.

(2) PAR le vrai héritier, soit mâle ou femelle.

(3) DE hâc *consuetudine tractant* Cephal. *conf.* 460, *n.* 2; Chassan. *ad consuet. Burgundiæ, tit.* des droits & appart. *§.* 25, *styl. parlam. parte* 5, *quæst.* 84; *redempta enim bona, vigore pacti de retrovendendo, eadem esse dicuntur, prout erant juris acsi numquam alienata fuissent.*

TITRE

Des Testamens.

ARTICLE V.

UNE personne peut donner à ses enfans, neveux ou niéces en ligne directe, par testament & ordonnance de dernière volonté, ses fiefs & héritages pour en jouir par les donataires & leurs hoirs à titre de *mort-gage*, tant & jusqu'à ce que les héritiers du Donateur les auront rachetés pour la somme de deniers apposée à ladite donation.

MORT-GAGE, *id est mortuum pignus*, ainsi appellé à cause que les fruits en provenans appartiennent à celui qui a le gage, sans devoir être imputés au sort, ou somme principale que l'héritier doit fournir, contre la nature du gage, qui est telle que les fruits doivent appartenir au propriétaire, & être décomptés au sort; pour ce sujet ledit gage est appellé MORT à l'égard du propriétaire, *tamquam proprietario perierit & inutile sit donec summam declaratam legatario solvat dicitur grœcè antichresis.* Et tel don à titre de mort-gage sortit nature de meubles selon l'art. 4, titre *des biens meubles*, & partant par la mort des légataires succède aux hoirs mobiliaires.

LA Coutume de Tournai sert grandement à l'éclaircissement de cette Coutume, tit. *des Fiefs*, art. 34, 35 & 36, disposant » que le » Seigneur d'un Fief, peut icelui donner par testament, donation en- » tre-vifs, parchon ou autrement à ses enfans ou enfans mainés à part » de rédimer, que l'on appelle mort-gage, & pour le posséder par le do-

» nataire jufqu'à ce que le fils ou fille ainée dudit Donateur aient ou
» leurs hoirs, racheté ledit mort-gage, en payant par icelui telle fomme
» au donataire ou à fes hoirs, que ledit Donateur auroit mis pour la-
» dite donation. »

» *ITEM*, (a) que ledit droit ne fe peut prefcrire, mais demeure
» perpétuel à la volonté dudit ainé, ou de fes héritiers à toûjours. »

» QUE les fruits de tel fief donné à mort-gage demeurent au profit
» dudit donataire, fes hoirs ou ayans caufe, fans aucun décompte, ni
» pour raifon d'iceux pouvoir diminuer, ni enchérir le prix appofé au-
» dit rachat par le Donateur. »

LA Coutume de la Ville (Lille) concorde, art. 4, *eod. tit.* Douay
concorde en fon difpofitif avec cette adjonction, *& poldront* lefdits
puinés (ufant la Coutume du mot de *puinés* au lieu de *neveux* dont
celle-ci fe fert) tenir la poffeffion réelle & propriétaire de leur don en
payant & fervant le Seigneur de double relief feulement fans droit de
cambrelage, & poldront jouir & ufer dudit Fief & Seigneurie propriétaire-
ment ou autrement, tout ainfi que pourroit faire & ufer leur frère
ainé en relevant & dérentant ledit Fief du cours annuel des charges
& rentes jufqu'au rembourfement des mort-gages, fans néanmoins le
pouvoir aucunement charger ou hypothéquer, tit. *d'alién. d'hérit. par
vente*, art. 4.

ITEM, ledit ainé reprenant l'héritage ainfi donné, lui eft rendu en
tel état qu'il eft, fans être tenu payer aucunes chofes pour les réparations ou édifices nouveaux que le mort-gagier y auroit fait, mais
entre en fon droit de cambrelage feulement, *ibid.* art. 5.

LA fomme rurale parle de mort-gage, tit. 78, difant que par ce
eft l'héritage obligé & hypothéqué aux donataires, & que telle donation fe peut auffi faire à l'Eglife pour aumône felon aucuns, mais les
plus favans difent qu'elle n'a lieu hors entre frères & fœurs, neveux &
nièces, par ordonnance de père ou grand'père, & quand c'eft héritage à labeur on le doit racheter fur *efteele* de bled, & fi c'eft
autre héritage, après dépouille de faifon & non autrement.

Nota. QUE le donataire à titre de mort-gage peut difpofer de la
chofe à lui donnée audit titre comme Seigneur & maître, fauf l'aliénation, & partant peut abattre les bois étant fur les héritages ainfi

---

[a] Voyez ci-après pag. 425.

donnés jufqu'au fourniffement de la fomme appofée par le Teftateur
pour le rachat ou offre effectuel d'icelle; Recueil d'Adius, fol. 5.

TITRE

Des Donations & Venditions.

ARTICLE I.

Toutes perfonnes de franche condition peuvent vendre,
donner, charger, aliéner, & autrement difpofer de leurs
biens, fiefs, maifons & héritages, à qui bon leur femble;
foit pour en jouir prêtement, ou les prendre & appréhender judiciairement après leurs trépas : enfemble des biens
qu'ils délaifferont à leurfdits trépas. Et appofer auxdites donations *telles devifes, conditions, modifications qu'il leur
plaît* : tiennent & vaillent telles ventes, donations, aliéna-
tions, difpofitions, devifes, modifications & conditions; fans
que les héritiers de tels dònateurs ou vendeurs y puiffent
valablement contrevenir.

Nota. Qu'en vertu de cet article fi général de notre Coutume, afin
qu'elle opère quelque chofe, en premier lieu, eft abrogée la néceffité d'in-
finuer les dons lorfqu'ils font exceffifs, felon la pratique & conform-
mément aux Sentences fur ce rendues; 2.º eft introduite la non-ufance
des Loix *per diverfas & ab Anaftafio cod. mandat.* par lefquelles eft
licite au débiteur d'acquitter la dette contractée & cédée par fon
créditeur, en payant au ceffionnaire ce qu'il auroit débourfé pour
acquérir ladite dette par tranfport, felon que lefdites Loix font entendues par Imbert, en fon *Enchirid.* où il dit qu'elles ne font point
en ufage, comme auffi la prohibition de vendre chofes litigieufes qui fe
permet par Lettres du Prince.

Devifes & conditions ; fi quelqu'un en donnant fon héritage, re-
tient la faculté de le pouvoir charger jufqu'à la moitié ou autre
part, il ne pourra en après donner icelle moitié ou partie, mais feulement la charger, *contra* Papon, tit. *des donations, in addit.* art. 7.

ARTICLE VII.

UNE perſonne peut donner par entre-vifs à titre de mort-gage ſes fiefs & héritages ou portion d'iceux, *aux deſcendans* de tel donateur en ligne directe ſeulement, en y appoſant tel rachat que bon ſemble audit donateur.

CETTE Coutume ſemble introduite en faveur des Seigneurs, d'autant que pour telle donation Droit Seigneurial n'eſt dû, de ſorte que leſdits Seigneurs, & non les héritiers du donateur la peuvent débattre, ainſi jugé au Siége de la Gouvernance. *Voyez ci-devant pag.* 419.

PAR cette Coutume il ſemble que les donations d'entre-vifs à titre de mort-gage, faites à des parens collatéraux, ne peuvent ſubſiſter, car autrement ſeroit ladite Coutume ſuperflue, vu que par le premier article de ce préſent titre (a), il eſt permis de donner purement & ſimplement à qui bon ſemble, néanmoins ladite Coutume ainſi entendue ſeroit abſurde, vu que c'eſt beaucoup plus faire que donner purement comme eſt permis par ledit premier article, qu'avec condition de rachat, *nam qui poteſt quod majus eſt, debet etiam poſſe quod minus eſt.* Joint que de droit donation audit titre de mort-gage n'eſt défendue, mêmement ladite condition de mort-gage, ſuppoſe en faveur de l'héritier du donateur, & auſſi nonobſtant ladite Coutume, M.ᵉ Robert Dubus, par note tenue en ſon Coutumier, dit avoir entendu que par Sentence rendue à la Gouvernance & confirmée à Gand, donation faite audit titre à collatéraux avoit été déclaré valable, conformément à la Coutume contenue audit article premier; & afin que ladite Coutume ne ſoit point du tout ſuperflue, on pourroit dire que donation faite audit titre de mort-gage, ne vaut celle faite aux deſcendans, à effet d'éviter par le donataire le droit Seigneurial; *hoc D.* Dubus.

____

(a) Voyez la page précédente.

TITRE

Des Prescriptions.

ARTICLE VI.

*L*A *faculté* (1) de racheter droit de mort-gage, rentes conf-tituées à rachat, ou de pouvoir appréhender droit de quint & *autres facultés* (2) ne se peuvent *prescrire.* (3)

LA ville concorde, art. *6, eod.* sauf qu'après ce mot *facultés* est ajouté *ni actions procédans d'icelles*, sauf aussi que ces mots *droit de quint &* de *mort-gage* n'y sont pas contenus.

DE hac consuetudine, d'Argentré, *ad consuet. Britanniæ* 266, *cap.* 8 ; Masuerus, tit. *des prescript. n.* 19 ; Papon, tit. *des prescript.* Arr. 11.

(1) LE mot *faculté* se prend de deux façons, la première pour une pure faculté, *qualis est libertas de publico nobis concessa ; ut libera facultas eundi per viam publicam, quia licet quis per centum annos usus non fuisset, tamen propositâ exemptionis præscriptione repelli non posset, quominus in posterum ire liceat, ita è contra, si feci sæpissimè actum, qui pendet à solâ libertate & facultate meâ ad rei commodum, nunquàm acquires aliquod jus vel obligationem contrà me, temporis diuturnitate, tempus enim per se non est modus inducendæ obligationis, licet præsumptionem indè diuturni-tatis* 30, *vel.* 40 *annorum possis inducere L. si certis annis cod. de pact.* 2.º modo se prend la faculté *pro facultate non merâ, sed quæ conceditur vel ex naturâ contractûs, vel ex pacto contractui adjecto, ut jus luendi pignoris.*

LESQUELLES facultés ne se peuvent prescrire par cette Coutume ; combien que de droit la question soit grandement controversée, plusieurs inclinant pour l'affirmative, & d'autres pour la négative, conformément à la décision de cette Coutume, entre lesquels se trouve Mynsing. *conf.* 31, *n.º* 12, *refragante* Menochio, *conf.* 143, où il agite cette question contre une personne qui avoit droit de racheter, *quem vide plura ad hanc materiam spectantia cumulantem.*

(2) ET autres facultés, *quæ verba intelliguntur generaliter ut compre-hendant quaslibet facultates, ut judicatum est in gubernantiâ insulensi cujus sententia gandavi confirmata fuit.*

Tome II. H hh

(3) *Prescrire, intellige de præscriptione etiam centum annorum aut cujus-*
libet temporis immemorialis, ne libertas omnium rerum optabilissima tol-
latur.

Quia ante diximus facultates pignoris luendi & similes de jure præscribi,
licet aliter per consuetudinem disponatur, operæ pretium est hic annotare,
quænam facultates de jure, secundum sententiam probabiliorem præscribi
possint, & quænam non, ut ex distinctione appareat in quibus, juri con-
formis sit consuetudo, & in quibus ab eo discrepet. imprimis ea quæ sunt
facultatis publicæ nullo tempore præscribuntur, ut denotat exemplum suprà
allegatum, & prob. per L. viam publicam, ff. de viâ publ. item ea quæ
sunt meræ facultatis & ad factum pertinent quatenus privatos concernunt ;
item jus offerendi conjunctim cum jure excipiendi Barth. *in L. pignori, ff.*
de usucap. sed jus offerendi conjunctim juri agendi præscribi potest ₊ (*)
Barth. *& frequent. DD. opt. text. in L. cum notissimi, §. 1, & seq.*
cod. de præscript. 30 & 40 annorum, item habet locum præscriptio in
iis quæ sunt juris & à jure procedunt, v. g. à partium conventione ut juri
redimendi rem venditam, & similibus DD. in L. licet cod. de jure deliber.

In actibus qui dependent à liberâ facultate unius qui potest facere, vel non ,
& certùm modum servare vel non, abstinentiâ vel observantiâ certi & determi-
nati modi, quantumcumque diuturnâ, non censetur implicare contrarium usum,
nec inducit desuetudinem nec præscriptionem ad alium modum utendi. Calder.
cons. 1 & cons. 3, in fine sub titulo de consuetudine, & in cons. 19, de prob.
amplia sive ab expressâ sive à tacitâ voluntate procedit Decius, *cap. cum accessis-*
sent, n. 14, de constitut. idem in his quæ fiunt ad majorem cautelam vel per
errorem assuetudinis tantùm. Cyn. *in L. cod. quæ sit longa consuetudo, secus in*
actibus necessariis & dependentibus à voluntate duarum vel plurium partium
intervenientium pro conservatione privati & separati sui cujusque juris,
ut in divisione hæreditatis inter primogenitum & secundogenitos, inter
agnatos & cognatos vel inter masculos & feminas ut declarant Ant. Fab.
Angel. Aret. *in leg. non scripto, instit. de jure nat. gent. quia usus talium*
actuum sub certo & determinato modo implicat & eo ipso & per se tacitum
contrarium usum ad modum diversum vel oppositum , Mol. *ad consuet.*
paris. §. 1, glos. 4, n. 15.

Quod facultates aliquæ non præscribantur, est de jure, text. in L. viam
publicam, ff. de viâ publ. C. possessionis 16, q. 1 cap. significante de ap-
pellat. ubi. Abbas *& communiter DD.* Antòn. Gaer. *lib. 5, conclusio. de*
præscript. plures citat. Wesemb. *ad ff. tit. de viâ public. lib. 43, n. 4.*

(*) Grimaud. *de usur. civi. cap. 24 in fine,*

A dispositione hujus articuli eximitur facultas ad eundi hæreditatem, quia per 30 annos præscribitur ut patet supra, tit. des successions, *id que ideo quia non tam est facultas quam jus formatum ut aiunt* Aret. in L. 3, col. 2, ff. de acqui. hæred. Jas. ibid. n. 10, & in L. filio famil. 110, ff. de leg. 1, *late* Emmanuel Suarez, *in thesauro recept. sent. lett.* A, n. 68 & seq.

EA quæ sunt facultatis non inducunt consuetudinem restrictivam liberæ potestatis Mant. decis. 10, n. 12.

Fin du second Volume.

TABLE
ALPHABÉTIQUE
DES MATIÈRES
Contenues dans ce Volume.

A.

(*) Voyez le Tome premier, Arrêt XCIII, page 379.

B.

C.

D.

E.

F.

G.

H.

I

M.

M.

MAGISTRATS ; *voyez* OF-
FICE, OFFICIERS DE JUSTICE.

MAIN-MISE ; dans le pays d'Hainaut, on ne peut pas suivre l'effet
d'une main-mise pour les dépens,
quand l'exécuté a payé le principal,   383

MAISNETÉ ; le maîné qui veut
tiercer, doit, dans la Coutume de
Furnes, laisser suivre à son ainé,
sa part dans les autres biens de
la succession,   384

MAISON MORTUAIRE; *voyez* CON-
TRAT DE MARIAGE.

MAISON PASTORALE; *voyez* DE-
CIMATEURS, PRESBYTÈRE.

MARI ; *voyez* AUTORISATION.

MARIAGE, contracté par une mi-
neure, sans le consentement de ses
père & mère, empêche la demande
en alimens,   101

 Voyez COMMUNAUTÉ, CON-
TRAT DE MARIAGE, REPRE-
SENTATION.

MATERNA MATERNIS ; *voyez*
SUCCESSION.

MISE DE FAIT ; si celle exploitée
sur un fermage, est bonne dans
la Châtellenie de Lille, sans signification préalable au Bailli ou
à son Lieutenant ?   350

—— Il suffit d'avoir un titre obligatoire pour l'intempter,   386

—— Non signifiée au Prévôt ou à
son Lieutenant, est nulle dans
la Coutume de Lille,   396

MODÉRATION ; s'il en échet à
celui qui a acheté les fruits de la
terre ?   351

 Voyez FERMIER.

MONNOIE; *voyez* RENTE.

MORT-GAGE; *voyez* DONATION,
TESTAMENT.

MOUTONS; *voyez* DIMES.

N.

NAVETTES ; *voyez* DIMES.

NEGLIGENCE d'un tuteur, ne donne
point action contre ses héritiers,
    387

NOCES; SECONDES NOCES ; *voyez*
COMMUNAUTÉ.

NOTAIRES ; *voyez* TESTAMENT.

NULLITÉ; *voyez* DECRET, MISE
DE FAIT, PRÉTÉRITION, REN-
TES, SAISIE, TESTAMENT.

O.

P.

Q.

R.

S.

SAISIE est nulle, quand elle est faite entre les mains des gens de Loi étant hors de leur jurisdiction, 390

Voyez ARRÉRAGES, CESSIONNAIRE, HYPOTHÉQUE, PRESBYTÈRE, RENTE, RENVOI.

SALAIRES ; voyez HUISSIERS, PROCUREURS.

SEIGNEURIE ; voyez GREFFE.

SELLETTE ; il dépend du Juge de faire subir à l'accusé l'interrogatoire sur la sellette, 409

SENATUS-CONSULTE VELLEIEN ; comment une femme doit y renoncer ? 28

—— Si elle le peut par acte sous seing privé ? 353

SENTENCES ; voyez CADAVRE, CONTUMACE, EXÉCUTION.

SÉPARATION DE BIENS ; si dans la Coutume de Lille, elle a lieu entre les créanciers du défunt, & ceux de l'héritier ? 8

—— Habilite la femme à contracter sans être autorisée par son mari ? 373

SÉQUESTRE ; voyez CRÉANCIERS.

SERVANTE ; voyez LEGS.

SIGNIFICATION ; voyez CESSION, PROVISION, TRANSPORT.

STATUT ; si celui qui, pendant le litige, applique les fruits d'un bénéfice à la fabrique, est valable ? 23

—— Si celui qui défend à deux conjoints de s'avantager est réel ou personnel ? 363

SUCCESSION ; à qui appartient celle des enfans légitimes d'un bâtard ? 105

—— Si à défaut de la ligne paternelle, la ligne maternelle vient à l'exclusion du Seigneur, dans la succession des fiefs & héritages de la Châtellenie de Lille ? 364

Voyez ESCAS, EXHÉRÉDATION, HYPOTHÉQUE, MAISNÉ, RESTITUTION EN ENTIER.

SURSÉANCE ; cas où il n'échoit point de l'accorder. 577

T.

V

Fin de la Table des Matières.

PRIVILÈGE DU ROI.

LOUIS, PAR LA GRACE DE DIEU, ROI DE FRANCE ET DE NAVARRE: à nos amés féaux Conseillers, les Gens tenans nos Cours de Parlement, Maîtres des Requêtes ordinaires de notre Hôtel, Grand-Conseil, Prevôt de Paris, Baillifs, Sénéchaux, leurs Lieutenants Civils, & autres nos Justiciers qu'il appartiendra, SALUT; Notre bien amé le Sr. HENRY, Libraire à Lille, Nous a fait exposer qu'il désireroit faire imprimer & donner au Public un Ouvrage qui a pour titre : *Recueils d'Arrêts du Parlement de Flandres*, s'il Nous plaisoit lui accorder nos Lettres de Privilège pour ce nécessaires : A CES CAUSES, voulant favorablement traiter l'Exposant, Nous lui avons permis & permettons par ces Présentes, de faire imprimer ledit Ouvrage autant de fois que bon lui semblera, & de le vendre, faire vendre & débiter par-tout notre Royaume pendant le temps de six années consécutives, à compter du jour de la date des Présentes. Faisons défenses à tous Imprimeurs, Libraires & autres personnes, de quelque qualité & condition qu'elles soient, d'en introduire d'impression étrangère dans aucun lieu de notre obéissance ; comme aussi d'imprimer, faire imprimer, vendre, faire vendre, débiter ni contrefaire ledit Ouvrage, ni d'en faire aucun Extrait, sous quelque prétexte que ce puisse être, sans la permission expresse & par écrit dudit Exposant, ou de ceux qui auront droit de lui, à peine de confiscation des exemplaires contrefaits, de trois mille livres d'amende contre chacun des contrevenants, dont un tiers à Nous, un tiers à l'Hôtel-Dieu de Paris, & l'autre tiers audit exposant, ou à celui qui aura droit de lui, & de tous dépens, dommages & intérêts ; à la charge que ces Présentes seront enrégistrées tout au long sur le Registre de la Communauté des Imprimeurs & Libraires de Paris, dans trois mois de la date d'icelles, que l'impression dudit Ouvrage sera faite dans notre Royaume, & non ailleurs, en bon papier & beaux caractéres, conformément aux Réglements de la Librairie, & notamment à celui du 10 Avril 1725, à peine de déchéance du présent Privilége ; qu'avant de l'exposer en vente, le Manuscrit qui aura servi de copie à l'impression dudit Ouvrage, sera remis dans le même état où l'Approbation y aura été donnée, ès mains de notre très-cher & féal Chevalier, Chancelier Garde des Sceaux de France, le Sieur DE MAUPEOU, qu'il en sera ensuite remis deux exemplaires dans notre Bibliothéque publique, un dans celle de notre Château du Louvre, & un dans celle dudit Sieur DE MAUPEOU, le tout à peine de nullité des Présentes : du contenu desquelles vous mandons & enjoignons de faire jouir ledit Exposant ou ses ayans cause, pleinement & paisiblement, sans souffrir qu'il leur soit fait aucun trouble ou empêchement. Voulons que la copie des Présentes, qui sera imprimée tout au long, au commencement ou à la fin dudit Ouvrage, soit tenue pour duement signifiée, & qu'aux copies collationnées par l'un de nos amés & féaux Conseillers Secrétaires, foi soit ajoutée comme à l'Original. Commandons au premier notre Huissier ou Sergent sur ce requis, de faire pour l'exécution d'icelles, tous Actes requis nécessaires sans demander autre permission, nonobstant clameur de Haro, Chartre Normande, & Lettres à ce contraires : Car tel est notre plaisir. Donné à Paris, le vingt-huitième jour du mois d'Août l'an de grace mil sept cent soixante-douze, & de notre règne le cinquante-septième. Par le Roi en son Conseil. MARTIN.

Registré sur le Registre XVIII, de la Chambre Royale & Syndicale des Libraires & Imprimeurs de Paris, No. 2133, fol. 719, conformément au Réglement de 1723, A Paris, ce 7 Septembre 1772.

P. HARDY, Adjoint

9 782329 812847